城市程式

打造幸福臺北市，黃珊珊堅持初心的體制改革之旅

黃珊珊——著

柯文哲看 33：
有執行力和熱情的人
才能承擔責任

「你是誰」取決於你做過什麼事，而不是你說過什麼話。

我認識的黃珊珊是一個誠懇實在的人。她進北市府將近三年，處理大小市政問題，總是親力親為，理性、務實、科學的解決問題。

我當時找黃珊珊當副市長，是因為她有二十年的議員資歷，在議會的質詢切中議題，準備充分，而不是譁眾取寵。進入北市府後，她迅速處理好幾個多年未解決的法律難題。這些案件纏訟多年，早已是一本爛帳，必須瞭解彼此立場，不斷各方溝通協調，才能找到有效的解方。

從大巨蛋、小巨蛋、巨亨加油站、北投纜車案和國光客運案，這麼多複雜難解的官司，黃珊珊展現她的耐心與韌性。過去很多公務員因為怕擔責，兩手一攤，直接把案件送法院，不但耗費公帑，拖延多年，也造成官民對立。黃珊珊運用她的專業讓「減止訟」運作更順利，鼓勵同仁勇於任

事，也讓同仁看到她的「肩膀」。

在新冠疫情肆虐時，臺北因為人口密集、流動強，總是處於疫情最前線，被迫要在中央還沒決策前「自主應變」。我還記得 2021 年 5 月，疫情突然爆發，北市府團隊從早上七點半的晨會，到深夜 11 點的緊急會議，黃珊珊身為防疫副指揮官，無役不與。

有一段時間她因為腎臟炎，晚上在醫院打點滴，白天依然抱病上班，深入各個疫區。也因為她的認真勤快，北市府團隊創新的防疫措施——社區快篩站、精準疫調、防疫專責旅館、防疫計程車、車來速等，得以迅速上線，協助市民平安渡過一次次的危機。

黃珊珊是法律人、資深民代，是一位值得信賴的工作夥伴，是一位堅毅勇敢的媽媽，更是一個具有正義感的大姊姊。她的認真與盡責，足以感動身邊的每一個人，讓這個社會朝向進步與正面繼續前進。

臺北市市長 柯文哲

真心為人民排憂解難的
耐煩工作者

當我還在擔任臺北市政府工務局長的時候,有一次到議會備詢,時任臺北市議員的黃珊珊,有理有據地進行她的市政質詢。她秀出多張市政建設照片,像是人行道拓寬卡在台電纜線未遷、工地圍籬圍了四個月還沒撤除、YouBike租賃站卡在台電未接電而無法使用、新設公車智慧站牌也因為沒接電,而變成高級的遮雨棚。

她質疑市府為何沒有和台電談判的能力,明明是台電的問題,卻讓市民責怪市府不作為?我當下允諾,會在一個月內清查所有與台電相關的市政建設,確認該接電、通電事項,以及各項工程完工時程,然後立刻向民眾說明;而有關台電疏失的部分,也會積極與台電溝通談判,全力爭取市民應有的權益。

這件事情雖小,但卻讓我對珊珊的印象非常深刻。做為一個臺北市議員,其實她只要指責市府辦事不力,萬事「不

來電」，就算善盡監督之責了；如果再加上疾言厲色一番，媒體肯定大篇幅報導，增加她的知名度和好感度。但是她卻沒有如此選擇，她在質詢時，不但指出問題的關鍵就是台電「不來電」、「不給電」，而且還願意當市府的民意後盾，讓市府挺直腰桿去積極與台電談判，爭取市民最大的利益。

這種不譁眾取寵，緊扣市政議題，而且針對問題追根究底、面對問題對症下藥的問政態度，著實讓我印象深刻。雖然我是被監督的角色，但我深以臺北市能有這樣的議員為榮。

後來，珊珊進入北市府團隊，和我們一起為市政打拚。因為幾乎朝夕相處，所以又讓我見識到了珊珊的另一項絕技 —— 那就是同理耐煩的本事。在市府分工裡頭，不論是在環南市場、南門市場等重大市場改建案，或是信維大樓、水源二、三期公辦都更改建案等等，凡是和工程類相關的，都是由我主責督導。但其實我只是負責工程督導而已，真正的苦差事，像是挨家挨戶與住戶溝通、一攤接著一攤與市場攤商協調，都是珊珊在負責。這些苦差事不但繁瑣，往往還要面對各種刁難或情緒反彈，珊珊總能耐心的應對、游刃有餘的處理，讓人不佩服不行。

還有像是書中提到的「水源市場攤商精進計畫」，因為這個計畫，讓攤商們從過去始終是違法、違規的存在，到現在可以光明正大的辦尾牙，慶團圓。這種由取締改為納管的思維，讓攤商樂於配合市府的改善措施；而市府也願意提供

攤商正當營業的生存空間，可謂是皆大歡喜。這樣的改變或許是很小的一步，但對整體市容，還有交安、公安、食安、觀光都是很大的進步。

除了耐煩的功力之外，珊珊的法律專業素養，也是令我印象深刻的另一項特質！舉例來說，市府與東森巨蛋的違約糾紛，這本來是一件前朝遺留下來的陳年舊案，十多年來依舊無解，每年市府光花在律師的費用，就高達250萬元；但更重要的是，即使市府勝訴，因為東森巨蛋已經聲請破產，所以只能拿回一億五千多萬的履約保證金而已。

在這個案子中，市府雖然踩穩依法行政的立場，但從法律務實面來看，如果雙方繼續纏訟，市府不但將持續花費更多的訴訟費，而且勝訴之後，也僅能拿回履約保證金及部分裁判費。但如果雙方選擇和解，則市府可以立即拿回這些錢，而且不必再持續增加訴訟費用，這些都是市民的納稅錢啊！我想這才是對市府最大利益的方案。

事後回想，或許當初也有人想過和解這條路，但是多半會擔心，如果真的選擇和解，會不會遭受更多非議，甚至會被誤解為幫業者解套？「想過」跟「真做」，意義完全不一樣，我認為必須要有高度的法律專業素養，再加上過人的意志力與決心，才能扛得起這樣的壓力，也才能真正不計毀譽，為市民服務。

珊珊在臺北市政府的工作成果，絕對不只媒體報導的這

些而已，其實還有很多、很多。我有幸與她共事一場，親眼所見、自當為證。我只說一句話：以珊珊過去的能力表現，絕對能帶領臺北市繼續向前大步邁進。

臺北市副市長 彭振聲

臺北市必須成為
讓市民感到驕傲的城市

　　進入政治領域已經20多年了，我常常提醒自己：既然走上從政這條路，就必須要為城市發展和市民幸福做出具體貢獻，否則何必白白走這一遭。

　　但就像網民常說的：「理想很豐滿，現實卻很骨感」，內心裡想做的事，往往不一定能夠盡如人意。以前做民意代表的時候，雖然我努力問政，認真為民喉舌，卻常會碰到「狗吠火車」的無奈場景，自己的期待與行政部門的答案往往有所落差，只能自嘲自己不在行政部門，所以無法體會行政部門口口聲聲的「苦衷」吧！

　　雖然一次次自嘲是狗吠火車，但我心裡的疑問卻始終放不下，難道行政部門所謂的苦衷真的無法可解？難道市民幸福與城市發展，只能一天拖過一天而無法改善？

　　也許是神明聽到了我內心的吶喊，在當了20多年民意代表之後，情況開始有變化。2019年，柯文哲市長突然找我，

希望我能進入市府一起為臺北市打拚。我很清楚副市長要比議員更加辛苦忙碌，但如果進入行政部門就可以直接面對那些不可言傳的「苦衷」，就可以想辦法解決這些苦衷，讓公權力順暢運轉，進而實踐市民幸福與城市發展的理想呢？因此，我欣然同意柯市長的邀請，開始進行我的政務官挑戰賽。

在北市府服務兩年多來，我經歷過各種大大小小的事件。我發現臺北市政府擁有最優秀的公務員，每個人執行公務時都兢兢業業，認真解決市民的各種疑難雜症。但無可諱言，官僚機制就是會產生各種各樣結構上的制約，導致許多陳年問題持續存在，無法徹底的解決。

也許這些問題只要睜一隻眼閉一隻眼就過去了，但問題持續存在，就等同市民權益持續被傷害。因此，即使這些都是「冰凍三尺非一日之寒」的難題，我的個性就是絕不退縮，遇到問題就要想盡辦法解決。我相信，如果問題解決不了，就一定是方法不對。這時候不該輕言放棄，而應該回過頭去仔細思索問題的本身，唯有從問題產生的源頭想辦法，才能徹底解決問題，讓問題得以解決。

在不斷解題的過程中，我發現市府公務員真的很棒，只要幫他們排除結構上的障礙，再給予適當引導，他們就能發揮巨大的力量，為城市做出最好的貢獻。這段話裡出現一個有趣的名詞，就是所謂「結構上的障礙」，從邏輯上來看，很多市政問題無法妥善解決，都是因為結構上的障礙。那到

底什麼是結構上的障礙呢？老實說，會形成障礙的原因又多又複雜，也許是因為過分重視法規導致執行僵化、也許是上級監督機關的壓力導致效率不彰、也許是公務升遷只按年資，導致市民權益被忽視、甚至政黨意識形態的對立，都會造成許多障礙。

由於障礙形成的原因非常複雜，而且隨著時間還會持續產生新型障礙，因此要幫公務員排除結構上的障礙，並不

進入政治領域 20 多年，我常常提醒自己：既然走上從政這條路，就必須要為城市發展和市民幸福具體做出一些貢獻，否則何必白白走這一遭呢！

容易。我認為其中最關鍵的要素，就是首長的意志。這裡所說的意志，包括首長的專注力、包容力與執行力。所謂專注力，就是面對問題、解決問題的決心；包容力，就是同理心，要能夠站在對方的立場思考，共同解決難題；執行力，就是解決問題的方法與技巧。

　　舉例來說：大家都知道違章建築是都市景觀與公共安全

讓臺北市美好到令每一個市民感到幸福驕傲，這是我的夢想，也是我正在努力實踐的方向。

的殺手，這也是歷任市府團隊都難以根本解決的重大問題。「擁有違建」和「檢舉違建」的市民，都會給民意代表壓力，然後民意代表又給市府壓力，第一線公務員更要承受來自長官、民代和市民的多重壓力，真的是「壓力山大」，因此有關違建案的處理，常會讓市民有打混仗、甚至一拖了事的感覺。

為了具體解決這個問題，我強烈建議市府必須成立一個公開透明的「違建爭議處理委員會」，這個委員會由府內與府外專家共同組成，然後將所有違建、違規使用、消防與公安的案件，都交給委員會來專責處理。一方面宣示市府處理違建的決心；一方面也將所有會議紀錄全面公告，讓審議內容公開透明。

從此之後，民代不必再面對選民的陳情壓力、第一線公務員不必再面對各種關說或施壓，可以挺直腰桿做該做的事情；也不會再有拆除不公平或損害市民權益的狀況發生。這就是首長意志為公務員排除結構上障礙的例子。

在解決諸多市政問題的過程中，我發現一個有趣的現象：如果首長意志夠堅定，再加上充足的陽光和水分，市府團隊就會像藤蔓植物一樣，義無反顧地向上攀爬，在成長茁壯的同時，也會讓城市變成偉大的城市。首長的意志就是讓藤蔓向上攀爬的棚架，市民的支持就是陽光和水分，當兩者充分結合，城市的運作就會像電腦程式般不出差錯，也毫不懈怠，城市自然可以一天比一天進步，市民也會一天比一天幸福。

柯文哲市長把我找進市政府服務，經過兩年多來的參與和投入，我愈來愈喜歡臺北市，也真正發現臺北市變得愈來愈好。

　　這個讓城市幸福發展的程式，除了首長的意志能得到市民充分支持之外，還有一個非常重要的關鍵，就是公務員受首長意志影響而產生的服務心態。這個心態指的是執行公務時必須要有溫度，要能將以人為本、公平正義、科學依據、合理中道、宏觀願景、多元融合、揚棄本位主義等概念，時刻放在心上，並且內化成為公務員的一種本能，如此才能發

揮最大的效果，這種服務心態與首長的意志息息相關，在柯文哲市長主政八年之下，臺北市的進步大家有目共睹。

兩年多的親身參與，我發現臺北市真的愈來愈好。像是臺北市政府處理任何複雜的事情，都會有完善的SOP，可以迅速確實地解決各種問題；當其他縣市都受到政治紛擾影響的時候，臺北可以不陷入藍綠泥沼的內耗之中，只關注如何增進市民權益；另外，還有臺北街頭的行人專用道、路燈街景天際線，這些貼心的設計，也都在不知不覺中改善我們的生活品質。

這本書的內容，是我在臺北市政府兩年多來的記錄，也是我對城市治理的理念與實踐。臺北當然可以更好，而且可以好到讓每一個市民都感到幸福驕傲。這是我的夢想，也是我正在努力實踐的方向。

我始終認為：

一個偉大的城市，必然是一個讓市民感到驕傲的城市；

一個幸福的城市，必須有一套讓別人羨慕的發展程式。

我正在努力前進的道路上，也認真實踐每一條幸福城市的發展程式，真心期待能夠得到你們的支持與肯定。

偉大市民，齊步共贏！

目 錄

幸福城市第四章

4 同理耐煩，揚棄本位主義的溝通程式

幸福城市第五章

5 宏觀願景，堅持多元融合的發展程式

幸福城市第六章

6 城市治理的總結程式

以人為本
堅持**公平正義**的
基礎程式

PART

1

在現今這個年代，很多人都會懷疑，這個社會還有人會在乎公平正義嗎？面對各種特權橫行，有誰真能做到絕不姑息特權惡霸？我不知道別人怎麼想，但我從學法律、當律師，到當了21年市議員，再進入市府，我的初心一貫不變，只有八個字：那就是「民主自由、公平正義。」而這八個字必須體現在每一個人身上，讓每一個人都能享有身為「人」的尊嚴。而能否落實的關鍵，就在於執行公權力的「政府」。

我始終認為，政府存在的目的就是服務人民，讓人民的生活愈來愈好。因此，城市治理必須以人為本，從「人」的角度來思考施政方向。或許每一個市民在身分上有所不同，但身為市民的尊嚴卻應該完全相同，絕不容許有高低貴賤的差異。

因此，政府在為市民提供的服務當中，平等的尊嚴是最基本底線，必須要讓所有市民享受同等美好的生活，畢竟「人」才是一個城市發展的關鍵。

1 「高地接水」工程——
基於人道主義與市民平權的施政作為

陽光、空氣、水是生命三要素，而且人體構成約70%是水分。乾淨的水、方便取得的水，對人類來說是維繫生命最重要的一件事。

臺北市是一個盆地，周圍多山，因此，不可避免有許多市民是住在高地之上，對他們而言，用水是一件非常不方便的事情。如何讓他們也能享受到乾淨、方便的水，是政府的責任，但也真的是一件困難而且複雜的工程。

俗話說，「百年修得同船渡，千年修得共枕眠」，我們能共居於同一個城市，就是有緣人。因此，不管是世居臺北的人，還是北漂工作然後定居臺北的人，大家能有緣成為臺北人，就應該享有身為臺北人的驕傲，有身為臺北人的生活品

質。因此，不管工程再困難，政府都應該努力去做到，讓每個市民都有權享受便利又乾淨的自來水。

所以，我一當上議員，就開始為高地居民爭取「高地接水」工程，因為乾淨的水是民生必需品，是人民的基本權利，只要身為臺北市民，都有權享受自來水的乾淨與便利。這是「用水正義」，也是我始終堅持「以人為本」的具體實踐。

一個負責任的政府，不能因為人少就不給用水，更不能因為要耗費很多金錢，感覺不划算就不做。尤其高地接水不只是用水正義，還牽涉到市民的生命財產安全；因為有些住在高地的市民，雖然有自來水可使用，但過去的工程多半使用塑膠管線，時間一久就會漏水，有些地方漏水漏得一塌糊塗，甚至嚴重到有掏空地基的危險，這直接涉及到人民的身家性命安全，政府怎能視而不見？

可惜的是，歷屆臺北市政府要不是說囿於現行法規、土地產權複雜，或是因為經費龐大所以無法做到；不然就是說「高地接水」效益不高，只為了山上的幾戶人家，就要花這

碧山里草莓園一帶的高地用水新設第7配水池及設備。當地海拔高度約在250至450公尺之間，又地處偏僻，因此常常容易被政府忽略。

我和北水處陳錦祥處長（右二）訪視碧山里，與呂之杞里長（左一）等人商討高地供水問題。

麼多錢去接水，根本不符經濟效益云云，所以高地接水這件事，就常常被有一搭沒一搭地擱著，甚至不了了之。

這個問題直到柯文哲市長上任之後，才有了具體的進展，他和其他市長不一樣，他認同民生用水是市民的基本權利，他說「不管多少錢？該花的還是要花；不管多困難？該做的還是要做」。我發現，只要涉及到市民生命健康安全的事，他從來都是劍及履及，說做就做。

就像之前媒體報導，臺北市還有許多自來水管是鉛管，自來水處說要花十年才能汰換完成，柯市長立馬回：「這是開什麼玩笑，攸關市民飲水安全的事情，怎麼可能要等那麼

我和北水處陳錦祥處長訪視興昌里，與吳融昊里長（右二）、玫瑰城社區總幹事等人一同開會討論。

久！」因此，他下令二年內就必須把鉛管換掉。這些與市民基本權利相關的事情，柯市長不會考慮要花多少錢？要花多少時間？又或是有多困難？這就是「以人為本」的施政概念。

即使媒體上看不到報導
不管再難還是要做

　　高地接水到底有多困難？首先是材料運送的問題，雖然臺北市早已是國際大都市，但周圍的山區並未普遍鋪設有柏油路，因為有些人希望能夠維持自然景觀。因此，高地接水

工程在材料的運送上，就是一件很困難的事情，必須要靠人工將材料搬上去。混凝土預拌車也不可能爬高山，也是需要人工運水泥、砂石，然後現場攪拌進行施工。

其次是水管接管的困難。因為地形的關係，用人工將不鏽鋼水管搬運上去後，每一個基座都必須打樁，以確保這些水管的穩固性。至於要如何進行吊接，更是一件辛苦困難的事，平常在市區施工，只要出動吊車，然後細心與耐心一點，不需要花太多力氣，就可以完成接管，但在山區沒有大型機具的情況下，接管的難度與辛苦不是一般人能夠想像。

最後，則是必須花費最多心力的山坡地水土保持問題。高地接水工程要如何與現有的水土保持工程互相配合，以進行山坡地的安全維護，需要精密地規劃、設計與施工，這種種一切的成果，都是工程人員的心血結晶，這些無名英雄的辛勞，值得我們致上敬意。

當管線全數更新後，不只能降低住戶的用水成本，更同步解決地基可能被掏空的問題。同時在接管完成之後，也順便把路鋪平，所有該做的事情一次到位。這些努力，民眾平常看不到、感覺不到，媒體也幾乎不會報導，但它就真真切切地埋在大家的腳底下，也真的能讓民眾都「喝得到」乾淨的水。

當這些工程完成後，再把來自翡翠水庫裡乾淨的水，打到這些高地社區，讓這裡的市民也可以和平地市民一樣，只

要輕鬆打開水龍頭，就有乾淨的自來水可用，這就是我們最大的滿足。

2019年10月底，我剛接任臺北市副市長時，北市的供水普及率為99.79%，同年12月底延鋪管線8295公尺，完成內湖區碧山里及安泰街181號以下的高地供水175戶。到2020年10月底為止，在自來水事業處等市府團隊合作下，「高地接水」工程又完成了包括內湖區碧山里草莓園等158戶，文山區興昌里玫瑰城社區216戶、信義區三犁里楓橋新村283戶，讓臺北市的供水普及率達到99.81%，持續維持六都之首。

楓橋新村高地地區用水管線設置。

玫瑰城社區高地地區用水新設給水管。

我與北水處陳錦祥處長等人訪視三犁里，翁信利里長（右二）等人陪同說明東大排改善後現況。

　　這些工程項目統計下來，包括內湖、文山與信義的三個社區，接水工程花了八千多萬，再加上未來可能要做的相關工程，可能還要花上一、兩億，也許造福的人沒有很多，但「高地接水」工程的意義，是在於維護市民用水的基本人權。我覺得這是非常重要的事情，更何況還有公共安全的問題，因為一旦山上有任何地基坍塌，造成坍方或土石流，進而造成市民生命財產的危害，絕對不是用錢可以衡量的。

　　高地接水工程凸顯市府對於城市治理，永遠是以市民權

益為第一考量，只要在市府權責範圍內，該花的錢就要花，該做的事情就要做，絕對不會因為想要還債或是省錢，就忽略政府應該要做的事。相反的，以前的市府也許視而不見，或怕麻煩而不做的事，北市府都會儘量去做，正是基於「市民權益優先」這個前提。

展望未來，高地接水工程最後剩下的一哩路，對臺北自來水事業處等單位而言，仍然是要持續努力爭取相關經費，才能一一克服困難的任務。至於相關用地取得，則需要和高地用戶繼續協調溝通，以順利推動辦理相關改善作業，預計2022年底供水普及率將可達到99.83%。

如果再將轄區內有舖設自來水管線，但未申請接水的559戶（統計至2021年9月，主要原因是該地區尚有山泉水可使用），以及使用簡易自來水的884戶計入後，2022年底臺北市的供水普及率將可達99.96%。別看這小小百分之零點幾的差別，卻是許多人的血汗所成就，為的就是臺北市民的用水正義。

珊珊心裡話

只要市民能夠真正受益，不管多少錢？該花的就要花；不管多困難？該做的就要做。絕對不能因為「吃力不討好」或「媒體不報導」而不做，這才是「以人為本」的具體實踐。

2 國中女性生理用品 通通市府買單——

男女性別平權，就從最基礎的地方做起

　　「月經」是每一個女孩成長過程中，幾乎都會碰到的問題，但過去社會總是用有色眼光看待這個問題，而且多半會以「大姨媽」、「好朋友」之類的隱晦名詞來稱之，影視小說作品也往往會以「不潔」、「晦氣」等名詞來汙衊之，讓「月經」這個讓女孩變成女人的神聖過程，變得讓人難以啟齒，好像一切都是女生的錯，這絕對不是一個健康的社會現象。

　　男生和女生的生理構造不同，先天上有許多不平等，特別是月經帶給女性生理和心理上的諸多負擔，這是男性無法想像的。因此，任何進步文明的政府都有義務弭平各項天生的不平等，讓男女在政治、社會上享有平權的待遇。我進入

為了提倡性別平等，北市教育局在 2021 年 3 月舉辦「臺北市跨時代女力平權論壇」，身為女性政治人物的我，特別強調：「為自己而活」，不論性別都能成功。

北市府擔任副市長之後，開始認真研究這個議題，也特別關注世界先進國家的作法。

目前，國際上有許多國家都在探討「月經貧窮」的現象，這是指一些低收入者買不起或無法獲得合適生理期用品的問題。根據國外的研究，如果以月經平均持續5天左右來計算，女性因為月經需要購買衛生棉（條）或衛生巾的費用，每個月可能高達8英鎊左右，也就是相當於280元新台幣，世界上有很多地區的女性，可能難以負擔這筆費用。

我們可以做一個假設，一個女人的經期一個月有5天，從13歲開始到53歲結束，在她40年的月經人生中，有2400個日子是需要經歷月經期。這2400個無可避免要流血的日子，大概需要花費13萬4千多元在衛生用品上，這些錢對有錢人來說或許不算什麼，但對於貧困人口而言，絕對不是一個小數目，因此也就形成所謂的「月經貧窮」現象。

「月經貧窮」這個社會現象，其實廣泛存在於世界各地。國際婦產科聯盟（International Federation of Gynaecology and Obstetrics）2019年曾指出，全球有5億女性生活在月經貧窮當中。在臺灣，也曾有過弱勢家庭為了節省衛生棉支出，一天僅用2片衛生棉，導致陰部感染的案例。這是一個不容忽視的社會問題，也是一個必須嚴肅看待的性別平權問題。

性別平權
坐而言不如起而行

2021年初，我看到紐西蘭總理阿德恩（Jacinda Ardern）宣布，全國9至18歲女學生的生理用品都由政府來負擔的新聞。一開始看到這則新聞，我是非常震撼的，因為這個觀念非常先進，但費用與阻力也是巨大的。同樣是女生的我，除了感動之外，也讓我回過頭來思考，臺北市是一個國際城市，是不是也能扮演領頭羊的角色，讓性平觀念再往前邁出一大步？成為亞洲第一個跨出性別平權這一步的城市！

我想了很久，也跟同仁討論很多，臺北市在教育方面已經做到世界級，但還有一些傳統作法可以再加強。我所思考的是，如果這是一個性別平權的議題，我們政府可以扮演什麼角色？我找了市府性別平等辦公室的同仁一起來討論，也才知道，原來有許多企業組織已經在校園裡面做月經教育了，告訴孩子們應該要如何面對自己的身體。

我覺得政府除了可以加強教育的強度外，還可以從「性別平權」的角度切入。畢竟月經是人類繁衍的關鍵要素，因而產生的費用不該由女性獨自負擔，況且從平等的角度上來看，女人一輩子都需要面對這件事情，生理上的痛苦已經很無奈了，有什麼道理還需要多出這一份經濟上的負擔呢？我主張，主動弭平這段先天上的不平等，是政府應該要努力去

做的事情。

　　會議結束之後，我興沖沖地跑去找柯市長報告。柯市長皺著眉頭聽我說完後回應：「其實這就是人的生理現象，男生也從來沒想過，女生要比男生多花這麼多的錢，而且還要忍受身體的一些疼痛，這是我們以前從來沒有思考到的事情。」

　　柯市長二話不說，當場同意讓我編列七千多萬元預算來做這件事。當別單位的預算都被砍得一塌糊塗時，我們反而可以增加預算來做這件事，我感到很榮幸，因為我知道，這件事情絕對會是臺灣未來必須要走的路。

　　2021 年 9 月，北市府結合相關產業的業者，開始推動「國中生理用品供應試辦計畫」，在信義、士林、重慶、木柵、古亭等五所國中，免費供應衛生棉等女性生理用品。我們在女廁設置「she can 月經盒」，無限量的提供日用型、一般型和量多型的衛生棉給每一位需要的同學。

　　而在免費提供衛生棉的同時，還希望藉此推廣性平教育，培訓老師教導同學正確的生理觀念，讓孩子們瞭解性別之間需要互相尊重和體諒。我們希望以後女同學之間，互借衛生棉就像借衛生紙一樣自然，不用找東西包裝遮掩；當然，我們更希望從此之後，不會再有人認為月經是不潔的東西了。

　　試辦之後，我們編列七千萬元左右的預算，在 2022 年 2 月開學後，全面在臺北市所有國中施行。另外，也同步推動

性平課程，讓女孩們用更正向的態度，面對自己在生理上的蛻變，感受自己成長的喜悅。

這個活動選擇從國中生開始做起的原因：第一、她們剛開始面對「初經」這個階段的問題，而且沒有經濟能力；第二、國中這個年紀正處於發育階段，在情緒上可能特別容易受到外在影響，而且在人格發展上，還沒有健全到可以充分抵抗別人的異樣眼光，特別需要外在支持。因此不論是從經濟需求還是教育效果而言，國中生都是最好的選擇。

挺女孩，做自己！
面對月經要像喝開水一樣自然

對於我而言，整件事情的推動，絕對不只是女性生理用品免費而已。我認為性別平權與校園性別教育，其實是比生理用品免費更重要的事。我希望從生理用品的使用和討論，進而增進性別平權教育的效果。讓女生知道月經就是我們生活的一部分，就像空氣、水一樣，非常自然。因此，月經來的時候不用害羞，也不用怕別人笑話妳。同學之間互相體諒，互相包容，可以大方的請生理假，可以大聲跟朋友借衛生棉而不再害羞。同時也希望讓男生知道，女生如果沒有月經，人類就會滅亡，因此，對於女生月經期間的辛苦要充分體諒，也要更體貼的去照顧女生。

北市府推動兩性議題的腳步努力追上國際，就從月經平權教育做起，並讓臺北市成為亞洲第一個國中女性生理用品免費提供的城市。

過去的污衊已經無法改變
但現在我們要讓女生抬頭挺胸

　　月經除了帶來生理上的不適、經濟上的負擔，往往還會為女性帶來心理上的羞恥感。調查研究發現，在14~21歲的女性受訪者之中，有71%的人會對購買生理用品感到尷尬。研究的結果顯示，這一點對年輕女孩來說，影響尤其深遠。

　　在過去，生理期是個禁忌話題，因此不只是去購買生理用品會有羞恥感，女生彼此之間要借用生理用品時，也會感到害羞，連借衛生棉都得偷偷摸摸，小心翼翼地怕被別人發現，還要找袋子或用衛生紙包起來。生理期時不但要忍受身體的不適感，還要忍受別人的譏諷，一言不合就會被說：「妳今天很奇怪，一定是大姨媽來了！」種種性別上的歧視或誤解，造成了年輕小女生心靈上的創傷，讓女性除了面對生理疼痛以外，還有心理上的壓力。

　　這些不健康的想法和行為，都是我們應該大力消除的對象。我們應該把有關生理期的一切事物都視為理所當然，大大方方的借用生理用品，就像是借個衛生紙那樣自然才對。我們的目標就是要消除因為生理期帶來的任何不平等，讓這件事情不再困擾所有的年輕女孩。

　　我在與同仁討論整個計畫的時候，也會與他們分享我自己的月經經驗。因為我小時候身體不好，生理發育比較慢，

大概到國三才來初經，也因為我個人體質的關係，生理期的第 1~2 天還會大量流鼻血，肚子痛到沒法去上學，吃止痛藥成了家常便飯。又因為我 15 歲就一個人到臺北念書，所以也沒有媽媽在身邊照顧進補，生理痛就成了我每個月的噩夢！

高中時，我常在大太陽底下練樂儀隊，全身都被曬得黑黑的，一點也不淑女。那時候個性也很叛逆，不管別人說什麼，我都要做相反的事。幸運的是，也許是個性使然，也許是搭上時代轉變的列車，讓我有機會做自己，有機會選擇自己想做的事情。

我從小就是一個很像男生的女生，不愛洋娃娃，也不愛穿裙子，最討厭人家說女生就該怎樣怎樣，女生好像先天就矮男生一截一樣，我就是不服氣，所以我很喜歡跟男生比賽，不管是打球、考試，反正就是不能輸給男生啦！

我也時常笑稱自己就是一個上女廁的男生。我喜歡開車、打電動，愛研究 3C 產品，從小就很頑皮，幾乎就跟男生沒什麼不同。但除了上的廁所不同之外，我和男生還有一個非常不一樣的地方，那就是每個月都有的生理期！這是我人生中少數無法由自己意志來控制的事情。

但生理上的不同，不代表女性就一定比較柔弱。長大之後，我更想證明男生不一定比女生強，更想打破女孩既有的社會框架，挑戰更多被認定女孩做不到的事情，誰說女生就比男生弱？我反而認為女性反而更有韌性、更堅強！只要社

會能給女生機會，我相信女力真的可以撐起半邊天。

　　如今，女性在社會上愈來愈受到重視，聯合國大會也通過決議，訂定每年10月11日為專屬的「國際女孩日」。同時，這一天也是臺灣的「臺灣女孩日」。我希望所有勇敢做自己的女孩，在築夢的道路上，不畏艱辛，勇敢踏實地繼續往理想邁進！

珊珊
心裡話

女生和男生在生理構造上天生不一樣，這個不一樣就是人類能夠繁衍的基礎，因此，額外的支出應該由政府來挺妳，身體的不舒服應該讓大家來關心妳。所有女性面對月經，應該要像喝開水一樣輕鬆自在，這才是男女平權的具體實踐。

3 全力爭回大巨蛋的安全與利益——
從零權利金到未來年年有進帳，巨蛋案曲折的議約談判

　　大巨蛋真的吵了很久！十多年前我當議員時，就接到與遠雄合作巨蛋案的建築師找我陳情。當年遠雄得標後，雙方關係生變，原得標的設計圖也無法再使用，而且巨蛋外形也變了，變成少了牛棚等設施的子彈型。我當然立刻詢問當時的市府，沒想到他們竟然回覆我說：巨蛋是綜合體育場，並不是棒球場。

　　天啊！這和一般人的認知，差距也太大了吧！大家從頭到尾都認為巨蛋就是棒球場，怎麼會變成綜合體育場？這些改變讓我覺得陳情有理，必須好好瞭解一下巨蛋到底是怎麼一回事？

　　大家都知道，當初之所以會蓋臺北巨蛋，是因為行政院

長郝柏村先生，有一次在露天棒球場看比賽，但因為大雨導致無法比賽，現場非常尷尬。事後輿論催促臺北必須要蓋巨蛋，所以巨蛋明明就是棒球場，怎麼會變成綜合體育場？我找了棒協、職棒聯盟等單位，認真開公聽會討論，是否能接受變更後的綜合體育場，棒協等單位也表明不接受巨蛋的改變。但沒想到這場依議員職責所開的公聽會，卻換來遠雄公司用半版廣告指責我。

我當議員初期，像巨蛋這麼大的事情，認真討論的人卻不多，我好不容易找了四位議員一起開公聽會，但還是狗吠火車。當時，巨蛋相關事務是由甄審委員會負責，但因為像BOT這樣的促參案，是不必經過議會同意或討論。所以，對於建築師的陳情，也只能無奈請他們繼續去監察院反應。

後來，北市府與遠雄展開正式議約。當時連續八次議約，市府都有提出淨利千分之一回饋金的要求，沒想到最後卻變成財政局長李述德簽下零權利金的城下之盟。這個案子當時引發外界一片譁然，而李述德也因此遭到司法調查。

大巨蛋蓋在臺北市最精華地段的公有地上，市府卻收不到一毛錢權利金，這確實讓人覺得有點離譜。就算巨蛋可能賺得不多，但至少應該設個獲利範圍，而不是一點權利金都收不到的BOT。換句話說，政府讓大巨蛋蓋在公有地，簽下五十年權利給遠雄，但在巨蛋開發營運後，市府只能收到房屋稅，這樣的合約確實讓人覺得不太對勁。

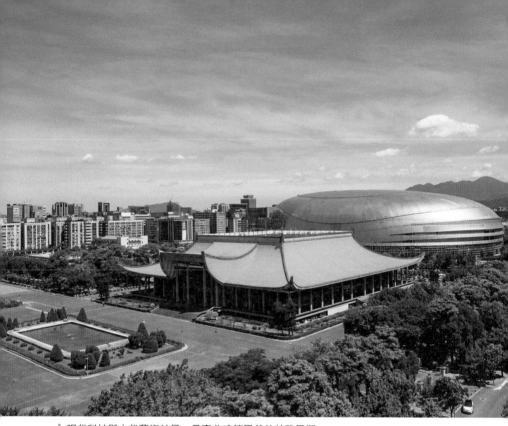

現代科技與古代藝術並呈，是臺北建築風貌的特殊景觀。

　　到了郝龍斌市長任內，取得建照開工，施工過程中發生一些涉及違規的事項，最嚴重的是不按圖施工。也就是說，送進市府的施工圖是 A，實際執行的卻是 B。柯市長上任後發現，遠雄對大巨蛋從來都沒有依照原圖施工，在安全上無法獲得保障，因此才會要求大巨蛋停工。

　　當然，就工程施工的實際情況來看，在臺灣的現狀是，建照發出後，施工單位決定要怎麼蓋，還是可以提出變更

申請；有不少工程也是邊蓋邊變更。但遠雄則是不依原圖施工，所以後來柯市府才依不按圖施工要求遠雄停工。

雖然在臺灣變更設計是常態，拿到建照後變更的案例也很多，但大巨蛋最大問題還是防火區劃的安全問題。像大巨蛋這樣的重要公共場所，一旦發生火災，人、煙要如何處理？必須要有完整防火區塊規劃才行。市府要求遠雄變更完成後才能復工。後來，基於工程安全等相關理由，法院同意遠雄復工，市府當然不希望巨蛋變成廢蛋，也同意顧及工程安全下能讓大巨蛋復工，但公安還是不能打折扣。

我到市府工作後，柯市長交了幾個頗難處理的大案子給我。像北投纜車、小巨蛋、兆亨加油站、國光客運等陳年案件，多半棘手且年代久遠，雙方官司纏訟至少十多年，其中尤以大巨蛋的議約最難處理。

工程方面的事，可以交由工程專業單位負責，但關於議約權的談判就全部交給我了。其實遠雄和市府的合約早就簽完，遠雄可以不必理會市府，但有些爭議涉及社會形象，最好還是能夠協商解決比較好。我和同仁說安全一定要做好，在工程工期方面都可以儘量配合；我也告訴遠雄，企業必須要顧及形象和社會責任，就算最後營運下來不一定能賺錢，也不要一直掛著黑心廠商的名聲。

站在市府的立場，我們絕對不會對大巨蛋的安全放水，會在程序上更求嚴謹。而我在接手談判後，發覺遠雄董事長

趙文嘉的立場，似乎也比較願意和市府協商，這樣就很好，雙方可以進一步深談。儘管一開始雙方想法差距很大，但後來慢慢找到雙方都能接受的平衡點，基本原則就是要讓股東有合理報酬，但市府也要取回應有的權益。議約小組先把成本拿出來計算，預估出合理投報利潤後，市府採營收分潤模式，為市民爭取回應有的權益。

當時由安侯建業會計師事務所算出巨蛋營運後的財務模式，賺多少分多少，保護股東合理投報的同時，也能讓巨蛋紅利由全民共享，廠商和市府找到平衡點後，對於廠商的形象也能大大改變。

這場談判前後花了快二年時間，過程就是要顧及公平正義，而且公開透明，絕不是私相授受。業者花多少、賺多少都要一清二楚。所以後來才會決定採用營收來計算，而非淨利。這樣做的好處是，政府不用查帳，而且一開始營運，市府就能分到回饋金。

談判初期，遠雄不願意接受這個模式，因為開張營運並不表示一定會賺錢，他們表示，很難接受沒賺錢也要分給市府紅利的模式。但我們認為紅利是全民共享的概念，畢竟大巨蛋的土地價值高達248億元，這是市民一起貢獻投資的吧！所以當然應該要合理回饋。當然也有人對於議約結果雞蛋裡挑骨頭，認為回饋太少了。但是千萬別忘了，原本簽約的回饋金是零元呢！畢竟市府不能殺雞取卵，只有大巨蛋能賺錢，臺北

▌ 大巨蛋是國際都市的象徵，真希望能夠早一點坐在裡面看棒球。

市才會有好處，大巨蛋收入越多，市府可以拿越多，所以最後雙方協商確定以0.6%為基本門檻。

大巨蛋開始正式營業後，每1000元收入，就要給市府6元回饋。當收入沒超過60億元這個地板時，則仍然維持千分之六；而收入超過70億元則提高為1%，收入越多分潤越多，72億元以上是1.6%，回饋金隨著巨蛋營收而依次遞增。

大巨蛋必須往前走，既然不可能真的廢掉，就要快點蓋完，快點營運，讓市民可以在高品質場地看棒球，還可以讓市

府收到回饋金。不過這個案子太引人矚目，而且量體大的特種建築物必須送中央審核，現在只盼中央盡速審查完畢，讓大巨蛋可以正式啟用，畢竟送中央審核都已經超過一年多了。

市民對於大巨蛋充滿了期待，希望大巨蛋能夠符合公安取得執照後，依容留人數要求來舉辦各式大型活動。但大巨蛋完工後，光裝潢可能就還需要至少一年時間，正式啟用更不知道要到何時？但至少現在整個案子是在往好的方向走。我也非常期盼，能夠早一天在這裡看到職棒比賽，尤其是國人最喜愛的職棒經典賽，我相信這也是所有棒球迷的夢想吧！

北市議會要求市府在今年（2022）五月底報告大巨蛋案。議約談判時，我們也和遠雄說好，如果五月談不成，那就不談了，好在最後總算能在向議會報告前，完成所有議約談判。我是律師，我知道談判要雙贏，雙方才能接受最終結果。如果只想自己贏，就不可能談出什麼好結果。這就像是跳探戈，你進一步、我退一步，然後我進一步，你退一步，才會變得和諧，而且是大家看得到的和諧。

我們可以拍著胸脯對市民說，在臺北市做生意，正正當當就可以，不用利益交換。在臺北市比的不是誰的政商關係好，也不是比誰財大氣粗，不管是關係好，還是財力粗，都得按照規矩走，這是最起碼的公平正義。另外，市民的利益不能受損害，市民的安全不能打折扣，這也是最基本的要求。

大巨蛋議約成功是我從政以來最欣慰的事，但只是欣

慰，而不是欣喜，因為看著它曾經荒腔走板、不公不義，現在的改變只是做到第一步，只是拿回市民該有的權利而已，這當然不是什麼偉大的功績，只是盡量做到公平正義的程度，追求公平正義就是我的從政初心。

珊珊
心裡話

人在公門好修行，但卻絕對不能鄉愿，因為睜一隻眼閉一隻眼，傷害的不只是市民的安全與財產，更可能傷害了整個社會的公平正義。

4 堅定追求
公平正義的初心——
「一本書」、「一堂課」、「一件事」
和「一個人」

　　小時候，我常常陪著媽媽看連續劇，每次看到貪官污吏的惡形惡狀，母女倆總是恨得牙癢癢的，恨不得跳進螢幕去替天行道；但如果看到一些做好事的官員，媽媽總會說「身在公門好修行」，將來一定好人有好報。

　　「身在公門好修行」這句話讓我印象深刻，我相信官場之人只要心存此念，一定是一個好官員。

　　但同樣讓我記憶深刻，且常常縈繞心頭的是，為什麼戲裡戲外，總會有這麼多的不平之事？為何人世間有如此多的不公不義呢？如果能從制度面消滅不公不義，是不是就不需要這麼多仁人俠客來伸張正義了？這些念頭深藏內心，直到

我進入大學之後才開始燃燒起來。

高中時我念的是自然組，大學考進臺灣大學大氣科學系，沒有意外的話，日後我應該就是所謂的理工女。但進了大學之後，我接觸到來自五湖四海的同學，聽到和看到來自於書本與同儕間的知識典故，尤其是學習到「權利是爭取來的」這句話之後，更激起我「不在乎金錢權勢，只追求公平正義」的初心。

在我堅定初心的過程中，影響我最深刻、也對我啟發最多的，就是「一本書」、「一堂課」、「一件事」和「一個人」，我很願意和所有的朋友們，一起來分享這些故事。

《丹諾自傳》那「一本書」
堅定我為弱勢發聲，用法律助人的理念

法律系的同學都很會念書，也很喜歡讀書。那時不知為何大家幾乎人手一本《丹諾自傳》，沒看過的人似乎就遜斃了。理所當然，我也馬上買來看，一翻開書就欲罷不能，只花兩天就把厚厚的書看完。在看書的過程中，我很震驚丹諾的執著，對於他的信念與言行欽佩不已。因此，我在書上畫了很多重點，此後三不五時就會拿出來翻閱一下，印證一下自己的處境，看看自己是否仍然不忘初心？是否依舊堅持在追求公平正義的道路上？直到今日，這本書依舊持續影響著

我的人生。

丹諾律師一生為無助的弱勢團體與窮人義務辯護。他曾經為乾草市場暴亂擔任辯護律師，這起發生在1886年因為工人抗議所引發的暴亂，後來成為國際勞動節的起源。丹諾為了爭取公民權利而辯護，並且批判不合時宜的司法體制，他被認為是美國最偉大的民權律師。

丹諾反對死刑，他在《丹諾自傳》一書中指出：「犯罪是社會本身有問題，才會造成犯罪問題，今天解決犯罪者並無法解決問題的根本。」

他的名言：「我恨罪行，但從不恨罪人」、「一個人在未定罪前，都是無辜的」，這些話成為許多律師的座右銘，奉為人生圭臬。

丹諾的人格特質就是堅毅地追求正義，相信自己，守住自己的信念，沒有一昧因渴求金錢而喪失初心，對於自己該做的事情始終堅定。

丹諾堅守自己的原

丹諾律師一生義務為無助的弱勢團體與窮人辯護，《丹諾自傳》被法律系學生奉為圭臬。我也一直期許自己能像丹諾一樣，不要為了金錢違背自己的良心。

則，因此很難成為社會主流，他的生活不但艱困，還成為不受法律界歡迎的黑名單。但他的堅持換來的是傲世風骨，與全世界無數法律人的欽佩。

我也因為欽佩丹諾律師，所以選擇讓自己成為律師，而非司法官。我一直期許自己能像丹諾一樣，不要為了金錢而違背自己的良心。成為律師30年，我很驕傲做到了自己一直堅持的信念。

在律師生涯中，選擇隨大流是一件再容易不過的事情，只要願意，有非常多的機會可以賺錢。但我清楚地知道，那不是我要的人生，我不要因為想活得輕鬆、過得舒服，就放棄自己的良心與堅持。

我始終相信一個人做出選擇後，就自然會成為那樣的人。我的初心，選擇的就是追求公平正義，而金錢或物質都不是我的選擇，因此，我一定會不忘初心、堅守信念、直到永遠。

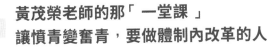

黃茂榮老師的那「一堂課」
讓憤青變奮青，要做體制內改革的人

黃茂榮老師的專長領域是債法、稅法，他也曾任司法院大法官。他在「債法總論」課堂上的講述，清晰又有條理，而且人品高尚、道德感強。當時對我們這些學生而言，他完

全就是偶像級的人物，是非常閃亮耀眼的大明星教授，絕對是所有法律系學生都非常欽羨的大師。

黃老師這一堂影響我深遠的課，我非常清楚記得是在1990年3月16日開始的那一週，當時野百合學運席捲全臺灣的大學校園，臺大法學院也有很多人響應罷課，大家成群結隊到中正紀念堂靜坐。我自己也停掉了很多課，默默和同學們坐在廣場上，為此還跟家人大吵了一陣子。

當時，我坐在中正紀念堂冰冷的地板上，並沒有扮演什麼特別的角色，只是為了那一份努力爭取民主、實踐民主的信念而已。

至今我仍清楚記得黃老師的課，是大二重中之重的重要課程，也是我不敢也不願意翹掉的課，很慶幸那天我有去上那堂課，因為那堂課徹底改變了我的人生。

黃老師在那堂課裡所說的一段話，把我從廣場拉回校園，也讓我從憤青變成好學生，並且急如火燒般的認真讀書，希望儘快擁有能力去做我人生該做的事情。

因為黃老師的課太受歡迎，每學期修課人數都會爆滿，因此他的課都是排在法學院大禮堂，上課時間大概會有一、兩百個學生共處一堂。而黃老師在學生心目中是像神一般的人物，大家都想要更靠近講台聽他說話，因此，平常根本搶不到前面的座位，我也很少有機會能擠到前面聽老師說話，但那週的那堂課，只來了七、八個學生，所以我可以默默地

1990年3月野百合學運席捲全臺灣的大學校園,黃茂榮老師上課時說,「希望你們能進到體制內,去成為改變不公不義的那個人。」讓我下定決心要進入體制內,去成為改變不公不義的人。

坐在第一排,等待老師上課。

　　當黃老師進到空蕩蕩的禮堂之後,揮揮手叫我們幾個人圍坐在他身邊,他語帶哽咽地說:「你們當然可以選擇罷課,去中正紀念堂進行體制外的抗爭,但老師更希望你們能夠進到體制內,去成為從內部改變不公不義的人。」當下我真的很感動,原來體制內的改革,要比體制外的抗爭困難許多,而且不只治標還能真正治本。

　　就從那一刻起,我下定決心要進入體制內,去成為改變不公不義的那個人。我知道唯有把書唸好,才有資格進到體

制裡，去做該做的事情，所以我發奮用功，大二到大四可以說是我學生生涯最認真的三年。我也有幸只念三年法律課程就能考上律師，可以為追求公平正義奉獻一絲微薄的力量。

未成年小妹妹遭遇的那「一件事」 讓我毅然決心從政，要做修改法律的人

讓我起心動念、正式投身政壇的引信，是我26歲那年，接了一個小妹妹的案件，使我從相信司法變成想改變司法的人。

事情是這樣的，我的律師同學接了一個案子，兩姐妹被告偷竊。這對姐妹到賣場買東西，姐姐將挑選的東西放在購物車讓妹妹推著，保全看到小女孩拿了那麼多東西，就前往查看，然後發現她們倆身上只有500元，但購物車上的東西卻超過1000元，保全覺得她們「意圖」行竊，兩姐妹當場就被送到警局，問題是她們根本還沒走到收銀台就被抓了。

那時候我同學成為成年姐姐的辯護律師，要我幫忙接未成年妹妹的案子，因為這個案件兩人有利害衝突。但沒想到，最後姐姐被交保，妹妹反而被少年法庭收容，主因是法官認為妹妹沒有說實話。但我站在法律角度來看，貨物還沒到收銀台前，根本就沒有偷竊問題。

所以我到少年收容處所，很認真地問妹妹真實情況，然

後寫成狀子；簡單說，雖然妹妹是負責拿東西的人，但在法律上應該還沒占為己有，而且東西還沒被拿出店外，也不致構成竊盜。

我很認真的準備狀子，沒想到開庭時法官卻不讓我進去，只允許她媽媽進去；我想她們一定很無助、很害怕。開庭之前，我常去看妹妹，其實是代表她媽媽去安慰她，因為律師除了法律辦案外，往往還要當委託人的心理醫師。所以，當我在庭外聽到法官破口大罵：「為何要請律師？這樣會押更久！」心裡真的很憤怒，這個法官就是要逼孩子認罪。那時我在門外，真的很想敲門進去，可是當時我終究才20多歲，我在外面氣得不得了，真的很想衝進去。

庭後妹妹繼續被收押，媽媽出來對我說很不好意思，她上次就覺得法官好像有這種情況，似乎不希望律師在場，要逼妹妹認罪。但如果妹妹認罪，就很可能會害到姐姐。這種情況真的讓當事人很無力，尤其最後認了罪就會有前科。當然最扯的還是不讓律師進去，而是要當事人家長當庭解任律師，這已經嚴重損及我當事人的最佳利益了。

案子後來以妹妹認罪結案。我等到案子結束後，就開始寫檢舉信，寄到律師公會、司法院和監察院，那時我年輕什麼都不怕，直接具名檢舉那位法官違法之處，其中以「當庭逼迫當事人解任律師」這件事最可惡。

沒多久，律師公會的理事長打電話給我，問我需要什麼

協助？我說我被人欺侮了，希望公會能保護律師。理事長則說：「這種事多半是當事人去檢舉，妳這樣我們很為難。」因為律師都需要常常去法庭，他認為我這樣做，可能會得罪所有法官；但我才不管，公會不處理，還有其他地方可以檢舉。沒想到理事長竟然和我說：「妳其實是第二個這樣做的人。」第一個檢舉法官的人是在民國47年，原來具名檢舉法官真的是稀有動物，但我當年真的沒在怕的啦！

這件事到此才算剛開始而已，我任職的律師事務所老闆，從此開始接到各種電話，要拉關係、要請吃飯，就是要拜託我可否不要再追究？我說這些內容都是事實，我沒有說謊，但時間一長，為了不再給老闆帶來困擾，我終究沒有再追究下去了。

我之所以會提出檢舉，是因為我覺得「對就是對，錯就是錯」。法律人追求公平正義、保障人權，絕對不能只是嘴巴說說而已。但不可諱言，因為這次檢舉，我和法院產生了許多微妙關係。我不後悔，但似乎也回不去了。

正好那時我在基隆做法律服務，認識了一些政界朋友，他們問我要不要參選？我考慮後決定參加新黨北市議員的黨內初選。當時，我想的是：

1、希望改變身分，能從不同層面幫助更多人。

2、對不合理的法律或制度，我可以想辦法用不同身分去改變，做一個修改法律的人。

3、我已經上了黑名單，也無法改變，為了避免對當事人權益造成影響，我就試試選舉吧！

28歲那年，我投入臺北市議員選舉，距離幫小妹妹打官司的事才一、兩年。那時我對司法很灰心，認為小妹妹和她的家人，這輩子大概都不會再相信司法了，這毀掉的不是一個人，而是司法公信力和社會公平性。我是天秤座，我的個性追求事情一定要公平，可以輸，但不能這樣輸，我覺得這樣當律師沒意思，無法抵抗不公平、不合理的事，於是想嘗試去改變。

何聖隆議員真心為民的這「一個人」是我問政不敢懈怠、服務不問黨派的好榜樣

當年是新黨市議員璩美鳳帶我進新黨參選，但真正讓我下定決心要當民意代表的人，是基隆一位已過世的市議員何聖隆，是何議員讓我看到好的民代該做些什麼？何議員的服務處每天都會來很多人，他也很認真幫助來找他的民眾。看到這些民眾心滿意足的離去，我才明白，原來當議員真的可以幫助很多人。

何聖隆議員是財經博士，他也是我近身接觸的第一位政治人物。我遇到法律上行不通的問題時，就跑去找何議員，如果這個問題需要修法，他就會去立法院找人協助修法，只要立委提案，就有修法的機會。我覺得這很有意義，比當律

師好很多，所以法律不是不能改變，還是有可以改變的方式。

何議員的選區在基隆，很多基隆人都在港區工作，基層勞工居多，他的服務處每天都有很多人來陳情，我親眼看到何議員接受陳情後，立即就會去市府相關單位協調，真的幫助了很多人。那時我就覺得議員的功能，似乎比律師大很多，當律師似乎只能回答民眾問題，卻不能改變現況，而議員監督政府外，還可以運用政府資源幫助需要幫助的人。

我也從何議員身上學習到從政服務要耐煩，像現在事情雖然很多，但只要所做之事可以改變這個城市，就會覺得很開心。我當選臺北市議員後，也常和何議員合作，後來他當過一任立委，有很多和修法有關的案子，我都會請他協助。目前他已經過世了，但這位財經博士出身的議員，不但是我想要從政的動機之一，更是我學習的好榜樣。

珊珊心裡話

人的一生一定要有能夠學習、效法的榜樣，才能幫助自己成長，堅定自己的初心。同樣的，自己的所作所為也必須無愧於心，無忝所生，才能促進社會進步，讓世界更美好。

　　城市的靈魂是人，所謂城市治理，不外就是要讓市民感到幸福和驕傲，因此一切都應該「以人為本」。

　　不管是「高地接水」還是「月經平權」，當我提出這些政策建議的時候，柯文哲市長都是二話不說、立刻同意，而且竭盡所能地支持這些政策。如果是其他市長的話，大概就只有一句「再研究」這種回覆了。在我20多年的議員生涯中，我聽到過太多這種制式答案，令人非常無言。

　　但現在，當我看到這些「以人為本、堅持公平正義的政策」得以實施，內心非常激動，也替臺北市感到驕傲。我真心期盼這種城市治理的信念能夠延續，讓每一個臺北市民都能獲得尊重，都能對這個城市感到驕傲。

　　我認為：民主自由的存在是為了人的價值，公平正義的堅持是為了人的尊嚴。從人的角度去思考，時時刻刻在乎市民需要什麼？這才是一個市長該做的事情。

直面挑戰
堅持**科學依據**的
決策程式

PART

2

新冠疫情是我兩年多副市長任期內最大的挑戰。我從2019年10月16日開始擔任副市長，2020年1月27日就成了臺北市的「防疫指揮官」。面對疫情，我的一切作為與決策，都是基於人性與科學，在專家提供的專業意見之下，為了臺北市民的最大利益而努力。

就像在萬華疫情爆發之後，我知道萬華居民一定擔心害怕，甚至會感到恐慌。因此，即使我自己還沒有打過疫苗，我仍然一天跑去萬華好幾趟，因為我必須要讓他們能夠看到我，知道市府隨時都會與他們站在一起，要讓他們感到安心，也要給他們足夠的信心。

我相信病毒並不可怕，只要相信專家與科學證據，然後從人性角度去思考各種防疫措施，我們一定可以戰勝病毒。我的勇氣來自於警消醫護與所有臺北市民的韌性與配合，我以他們為榮，更替他們感到驕傲。

1 新冠疫情考驗人性　臺北市民值得喝采

2019年11月，中國大陸武漢地區爆發令全世界都束手無策的COVID-19疫情，臺灣也在2022年1月21日發現首起新型冠狀病毒確診病例，她是一名從武漢返回臺灣的55歲女商人。

面對全世界都感到恐慌的COVID-19疫情，臺北市一直按部就班地往前走，本著以人為本的精神，以科學為依據，做出各項防疫決策。我們率先建立了防疫旅館、防疫計程車、安心檢疫所、警消醫護加油棧、家人住旅館補助專案等防疫新措施，不但不會陷入因為藍綠惡鬥而產生的口水戰，而且一切決策都以市民的健康與安全為優先考量。我以臺北市全體防疫人員為榮，也要為臺北市民的表現喝采。

守護萬華，
就從剝皮寮篩檢站開始

　　萬華群聚擴散，是臺北市面對疫情爆發之後的第一個艱困挑戰。從 2021 年 5 月 11 日開始，桃園機場附近發生 3+11 的「諾富特事件」，接下來又有「獅子王」的案例出現，成為全國關注的最大焦點。某獅子會的前會長到處旅遊和參加聚會，他在宜蘭也有相關群聚足跡；接下來的焦點就轉到臺北萬華，因為其中有一、兩個足跡被發現和茶室相關；在媒體追查下，才發現原來這位獅子會前會長常去萬華茶室；這些事件相疊在一起，讓疫情恐慌指數瞬間爆表。

　　從諾富特到獅子王，從桃園機場到臺北萬華，疫情迅速爆發讓萬華陷入空前嚴峻的處境，市府立即決定成立臨時快篩站，因為我想到了 18 年前的 SARS 慘況，我們絕對不能再讓悲劇重演，市府要盡最大力量來保護所有民眾的健康安全。

　　因為 5 月 11 日爆發了不明感染源，5 月 12 日中央就宣布雙北升級準第三階段。5 月 13 日，市府得到更嚴峻的訊息，就是和平醫院發生院內感染。我記得非常清楚，當天我做了兩件非常關鍵的事，第一，中午先封了 170 多家的「阿公店」，也就是茶室。這些茶室名義上是小吃店或茶藝館，但北市警察局都有造冊與列管。我當天中午到了萬華分局，就宣布這些列管的茶藝館先行停業。那時候確診案例已經發現

很多茶室足跡，絕對不能再讓病毒擴散。

第二件事就是決定開設醫院與社區快篩站。那一天，柯市長要求我們在中興醫院、和平醫院，立即開設篩檢站，但因為當時和平醫院有院內感染，很多人都被匡列或居家隔離，人手不足非常辛苦；因此我和柯市長半夜還在和平、中興醫院兩頭跑，當時臺北疫情非常嚴峻，我們無法判斷和平醫院的疫情狀況，到底會發展到什麼程度？感覺18年前和平醫院封院的惡夢，好像又要回來了。

18年前，我是臺北市議員，對那一天的記憶仍然十分深刻。當時和平醫院將大門一關，任何人都不准出來，裡面所有的醫護人員哀嚎聲四起，完全放他們自生自滅。5月13日那天，我來到和平醫院，這個慘烈畫面似乎又重回腦海，我們站在和平醫院的院區，柯市長非常堅定的裁示，無論如何，這一次和平醫院絕不封院。我們努力地一圈一圈匡列，絕對不讓和平醫院停擺，因為和平醫院是整個臺北市最重要的COVID-19專責醫院。

由於和平醫院還必須肩負COVID-19疫情的重責，因此，一方面要排除院內感染，一方面又要快速開設篩檢站，可以想見醫護人員的辛勞與壓力。

5月14日早上，陳時中部長到臺北市政府和柯市長一起開晨會。陳部長表示社區感染擴大，臺北市能否增設篩檢站？晨會大約10點結束，柯市長給我的指示是，今天就要在

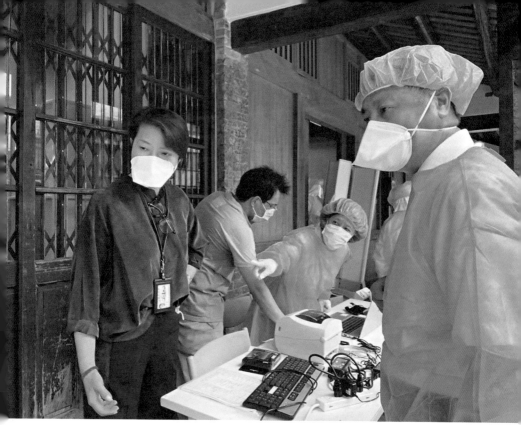

萬華群聚擴散、雙北升級為三級警戒，2021年5月14日衛福部長陳時中參加北市府晨會。會議結束後，柯市長立即指示在剝皮寮開設篩檢站，當天上午我就前往指揮調度開設篩檢站，在下午4點前完成任務。

剝皮寮開設完成篩檢站。

　　面對指令，我當然義無反顧，但是如何架設社區篩檢站，在國內幾乎毫無前例可循。早上10點接到指令，下午4點就必須將剝皮寮篩檢站開設完畢，考驗不可謂不大。我立刻在10點多趕到剝皮寮，同一時間也召集所有相關單位到現場開會。雖然我從來沒有開設過篩檢站，但因為多年的律師

訓練，加上前前後後打過八次選戰，所以我知道如何在亂麻之中找出線頭；雖然公務體系也沒有在醫院外架設臨時篩檢站的經驗，但情勢危急，沒有任何推拖的可能，那就當打仗吧！提槍就得上。

當天我找了聯合醫院、警察局、當地的里長、區長等單位開會協調，因為要在剝皮寮設篩檢站，這地方還是文化局的列管古蹟，所以也找了文化局的管理人員，我們必須清楚知道古蹟裡面的所有設備和物品。

當天我們在現場內外仔細視察後，第一件事就是決定先把周邊圍起來，不讓一般民眾隨意進出；第二件事則是決定，因為天氣非常熱，所以必須搭設帳篷，所謂高手在民間，因為時間緊迫，我立即打電話給一些民間朋友，請他們立即趕來幫忙架設帳篷；第三件事就是所有動線怎麼進、怎麼出，全部要一次確定，基本原則就是乾淨的和污染的要分開。當天早上10點接到通知後，6個小時內，忙亂而不慌亂，在聯合醫院幾乎全院總動員，再加上市政府所有公務同仁的支援下，剝皮寮篩檢站在下午4點準時開站啟用。

雖然市府迅速在6小時內開設完成剝皮寮篩檢站，但當下沒有人知道之後的情況會怎樣發展？因為萬華從5月13日開始確診爆量、14日新增確診高達88例，之前臺北市每天幾乎都只有2、3例而已，突然爆量到88例，所有人都嚇到了，也驗證了之前篩檢的結果，並不能正確反映疫情的現狀。

對地方政府而言，接到確診通報時，代表個案數已經爆量了，因為地方政府看不到全貌（只看得到臺北市的個案），只有中央看的到全部，等地方政府被通知的時候，早已追不上病毒散播的速度。到了5月15日全國升為三級警戒，柯市長擔任臺北市防疫指揮官，我則為副指揮官。也就是在這短短五天內，臺北市從爆發不明感染源，到和平醫院內部感染，到設立剝皮寮篩檢站，再到三級警戒只有五天。我只能感嘆這五天確診數量飆升，對市府來說真的是非常大的驚嚇與負擔。

萬華淪陷了！
但萬華人不該被當成疫情破口

最可憐的就是萬華人。萬華非常無辜，它當然是疫情重災區。過去這裡被大家認為環境複雜，現在更因為疫情受到污名化，幾乎成了疫情的罪惡深淵。然而，萬華還有18萬人每天在這裡生活，出門就會受到異樣眼光的歧視，這合理嗎？因此那段時間，我每天都去剝皮寮篩檢站，幫醫護人員和社區居民打氣。

我記得要去萬華之前，柯市長問我打過疫苗沒？我說因為固定服藥，所以醫師建議不要打AZ。當時全國只有AZ疫苗這一種選擇而已。我想很多人大概都跟我一樣，欲打而不能吧！

萬華是疫情重災區，又發生阿公店事件，受到很大的污名化，但萬華區有18萬人，那段時間我每天都去剝皮寮篩檢站，一方面為他們加油打氣，一方面掌握最新狀況。

　　柯市長特別請幕僚叮嚀我，沒有打疫苗就不要亂跑，危險的地方就不要去。我說我會小心，但我去現場就是要給醫護人員和居民加油打氣，是要讓萬華居民安心，知道市府絕對不會放棄他們。

　　我每天跑萬華，除了讓他們安心之外，我更需要掌握篩檢站每天的狀況。因為我需要知道每天還要調動多少防疫旅

館、防疫計程車,以及掌握各種醫療量能。當然,只有去到現場,我才知道萬華市民還需要什麼協助?我其實就是要去當哆啦A夢,市民缺什麼,我就需要把它們變出來。

因此,即使我因為腎臟炎住院7天,我仍然每天開防疫會議、防疫記者會,每天都要找時間去萬華。

我必須說,開一個篩檢站也許不困難,但真正困難的是,開設篩檢站之後要做什麼?我第一天到現場時,看到很多民眾在現場排隊等下午4點開站篩檢,每個人都很驚恐,這些來篩檢站的人是什麼樣的心態?他們一定是擔心自己的狀況,或者是自己可能疑似、或和確診者接觸過,所以每一位來到篩檢站的民眾,心情都是七上八下,更何況隊伍前後都是類似狀況的人。

那時篩檢站都用快篩,這是柯市長的堅持。當時中央仍不承認快篩的效果,認為快篩的偽陰性、偽陽性機率很高,但柯市長強調我們沒有時間等待PCR結果,必須選擇先做快篩,至少要知道誰有可能是陽性。所以我們立即買了一大堆快篩劑,再加上許多廠商也捐給我們很多快篩劑,其中有個廠商當天就捐了一萬份。這種以快篩和PCR同步方式設置篩檢站的作法,中央後來也跟進了。事實證明柯市長是醫師,他在這方面判斷非常正確。

快篩的檢驗方式雖然簡單,但篩完的民眾還要等半小時才能看到結果;這時,新的問題又出現了,快篩結果若是確

診，該送他到哪裡去？因為快篩陽性不能用一般防疫計程車載送，也不能讓他自己回家，必須先做好完善的準備才行；最後，我們決定快篩陽性的民眾就留在現場，晚上再用防疫巴士送到臺北市劍潭安心檢疫所。

由於第一天，剝皮寮一個篩檢站就篩出16位陽性，三個篩檢站加起來有40～50位，每天都必須把他們匡列起來，然後送檢疫所。前面的篩檢作業簡單，但後面的後勤作業卻很困難；每個測出陽性反應民眾的食衣住行，我們都要安排好，很多人確診時身上只穿一套衣服，還必須連絡家人幫他送衣服等相關物資，過程非常複雜。

臺北市那時有三個篩檢站，後來加上青草園總共有四個篩檢站，一天將近100位的確診者，都必須要後送到醫院或加強版防疫旅館。確診者幾乎都集中在萬華地區，當時萬華人人自危、驚恐萬分的同時，還要被外界以異樣眼光看待。

面對萬華當時的處境，我曾寫下過一段文字：「沒有一個人是願意被感染的，確診者不應該是他的標籤，他也不應該被污名化。」因為我親眼看到每一個陽性確診者，都非常安靜地坐在那邊，等著我們把他送到檢疫所。那是非常難得的偉大情操，原本他可以選擇自己躲起來就好，但他們願意出來接受篩檢，就是不希望自己如果確診，會再傳染給家人或朋友。可是一旦確診後，就可能會受到很多歧視，或者被貼上「你是確診者」的標籤，讓人情何以堪。所以，我也要

剝皮寮快篩特攻隊6月2日前進文化大學進行PCR篩檢。

向當時願意出來篩檢的民眾致敬。

另外,萬華在那個時候幾乎成為空城,街道上沒有人,商店沒有開,整個萬華死氣沉沉,很多人接到電話說,「你不要來我家,因為你住萬華。」這是非常嚴重的歧視,疫情期間凸顯了人性。

不過,在處理快篩站的相關過程中,我也看到很多社會上的溫情,越危險的地方,越有人來幫忙,像有很多人送便當來篩檢站,也有很多人送來物資,還有可愛的民眾打電

話來說：「你們要不要吃冰？」那時天氣炎熱，醫護人員都穿著三級防護衣，他們裡面的制服全都濕透了，只好每兩小時就脫換一次，否則真的會中暑。不但醫護人員全力付出，那些里長也不遺餘力，他們也很害怕，但還是冒險幫忙送物資。快篩站旁的市場攤販們也不時送點心過來，遇到疫情沒生意可做，他們自己都快要活不下去了，仍然盡心盡力幫助別人。這些人點點滴滴的無私付出，讓我們看到很多人性的光輝。

2021年的5月，全國開始了最驚心動魂的抗疫時光，800多條確診者的生命，換來了安定與安全。但我們永遠不能忘

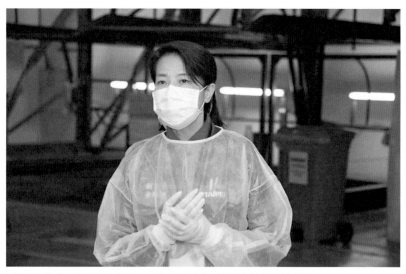

▎我衷心盼望，病毒早日退散，大家身體健康，臺北市繼續繁榮幸福。

記的是，那一段時間所帶給我們的衝擊，而且要從其中學會，當時我們還有哪些事情沒做好？我們必須從中學到寶貴而無價的經驗，千萬不能被病毒擊敗。

環南市場——
還原休市決定經過

　　為了防堵病毒快速擴散，柯文哲市長下令要幫農產、漁產、畜產及花卉四大公司，以及環南市場進行大規模篩檢。因此，7月1日在臺北榮總、亞東醫院、聯合醫院的努力之下，一天之內就完成約7400人左右的PCR檢測，其中環南市場一共篩檢2800人。隔天凌晨1點27分，幕僚通知環南市場篩出41例陽性，柯市長指示立即全面休市。市場處同仁及北農專案指揮官許家禎也摸黑趕到現場，一一協助在現場的20多名確診者轉送安心檢疫所，其餘在家者也都一一聯絡後，轉送安心檢疫所。

　　回顧整起事件，有一些引起紛擾的事情，也有許多以訛傳訛的不實訊息，我認為有必要還原一下7月2日當天以及之後幾天的情況：

　　7月2日一早6點59分，我發訊息通知王必勝執行長，篩檢結果及處理狀況。

7點，我到現場。

7點30分，清空攤商攤位上的物品。

8點，環保局及化學兵進駐清消。

8點51分，處理告一階段後，我打電話給王執行長，說明休市及匡列等後續處理狀況，接著趕回市府向柯市長報告處理狀況。

9點45分，陳時中部長打電話給我，同步轉給柯市長並開擴音。陳部長來電主要內容是要求成立聯合前進指揮所，

2021年7月1日，一天內就完成北農及環南市場7400多人的大規模PCR檢測。我特別前去為醫護加油打氣。

希望稍晚11點多能開會討論，並由農委會陳吉仲主委為聯絡人。電話掛斷後，我立刻要求幕僚聯絡民政局，找適當場地開會，經回報安排在萬華區公所十二樓。

9點57分，陳吉仲主委來電，我告知他，已找好區公所場地，並用簡訊將萬華區公所的地址傳給陳吉仲主委。

10點9分，王必勝執行長用簡訊通知我，「指揮官指示：在環南市場現場室外簡單即可。」

10點12分，我回覆：我有找好區公所場地。

10點13分，王執行長回：「指揮官堅持去環南，站著講就OK。」

10點14分，我回「好」並同時轉知府內幕僚。

11點20分，我到達現場，之後就是大家在電視上看到的直播記者會，以及搶麥克風發言的尷尬場面。

我回溯這段過程始末的重點在於，中央的長官們可能不知道，當天從凌晨開始，市府同仁和自治會攤商們，到底經歷了什麼？從凌晨開始，市府同仁徹夜進駐環南市場（包括市場處同仁和前進指揮所指揮官），大家穿上全身防護裝備進入市場，一一將確診者轉送到安心檢疫所。健康服務中心同仁連夜展開41人的後續關懷及疫調工作。

早上7點我到現場時，攤販已經陸續清空攤位並安靜回家。在自治會全程協助下，沒有人吵鬧，每個攤商都很無奈與無助，但還是配合市府的所有安排。

11點30分，中央到現場開記者會時，攤商幾乎全部都已經撤離回家，確診者與居隔者都被移置，沒有耽誤一分鐘。

也許有些人會以為，早上的環南市場一定很亂，市政府應該會手忙腳亂，可以有好戲可看。但事實上，一早8點前，環保局與化學兵準時進入清消，事情早已全部處理完畢，想看混亂好戲的人肯定很失望。

一般人多半只能看到新聞上或記者會政治人物的發言，卻看不到那一整晚自治會與市府各單位同仁的辛勞，他們難道不會恐懼？當環南市場確診者還在市場裡面，在場的每個人都是硬撐著善後，除了要一個一個帶出來並妥善安置之外，每一位確診者都有一個家庭，還有旁邊的攤位，這些都要一一進行匡列和居家隔離，所有後續事宜都必須在最快的時間內完成。更何況確診者本人比誰都害怕，也需要大家的支持與關心。因為大家對病毒的恐慌，因此這一切都必須在短短幾小時之內，井然有序的完成。

可惜當下的社會氛圍，不但沒有給市府同仁與自治會幹部掌聲，酸言酸語的卻不少。那天自治會幹部與會長都一夜沒睡，因此，隔天早上原本以為的開會，卻突然變成現場直播記者會，大家的情緒當然不太好，就像林勝東會長說的：我們需要大家來幫忙，不是來口水而已。

其實，環南市場和萬華一樣，都是病毒肆虐的受害者，沒有人想要染疫，也沒人想休市和匡列居隔，但當大家齊心協心

想一起打贏這場防疫戰爭、想要一起努力讓生活回復正常時，沒想到竟然會出現許多政治口水，企圖混淆與干擾。舉例來說，像休市由7天改為3天這件事，就充滿了口水與心機。

我想還原當時情況，讓大家真正明白第一線的真實作法。臺北市流行疫情指揮中心針對北市公有批發、零售市場、超市和地下街，如遇確診個案，已在5月底提案討論，並發布新聞稿公告：「如員工、攤商（販）確診，除立即全場消毒，針對確診者主要活動局部區域及確診者之攤位、比鄰攤位加強消毒並靜置封閉三日再恢復營業。」這些規定經過各方討論且明確公告。

而在環南市場篩檢PCR結果出來後，在市府相關的LINE群組中，確實有人討論休市時間是否改為7天，不過，經過多位專家討論，並結合環境清消、公衛團隊建議，同時在請示中央的同意之後，維持休市3天的規範。

但到了7月5日，我卻收到很多莫名其妙的指控，說是我決定把休市7天改3天，又降低防疫標準等等。但多數人都忘了，7月2日當天，陳時中部長到現場親自宣布休市3天清消；這是中央與地方再次討論的結果，如此重要的事情，竟還有人可以用LINE截圖說故事？我只能無奈地說：「這麼重大的事，怎麼可能我自己決定？」

在疫情最嚴峻的期間，政治口水竟能瘋狂到這種程度，傷害我就算了，還故意去傷害那些一直努力討生活的攤商，

他們比誰都害怕自己的市場有確診者，我很想告訴這些喜歡噴口水的人，病毒不會選政黨顏色和對象，這些喜歡用口水表達熱心的人，為何不試著來萬華和環南市場走一走？做一些力所能及的幫忙呢！相對中正、萬華的議員們，忙進忙出地送物資和協助爭取疫苗和資源，他們才是真正令我敬佩的老同事。

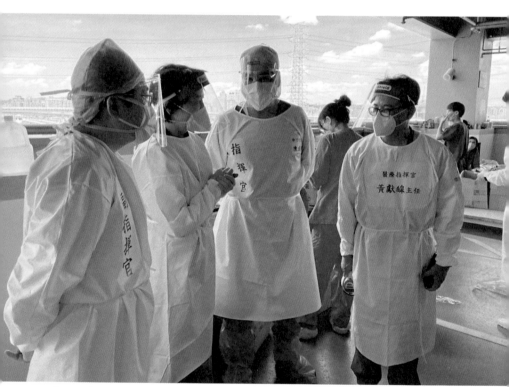

凌晨五點半開始，環南市場正在進行第三次的篩檢，謝謝臺北榮總團隊的辛苦支援。

防疫過程挑戰不斷
努力讓環南市場恢復商機

令人開心的是，環南市場經過一遍又一遍的消毒後，終於在7月6日正式恢復營業了。自治會會長不斷地告訴大家，現在的環南市場，業者已全面施打疫苗、場域消毒並已靜置3天，請所有消費者放心購買環南市場的食品、食材。總歸一句話，環南市場不是疫區，一切的對立和鬥爭都是多餘的，別讓政治問題抹滅掉人性的良知，希望大家給辛苦再出發的環南市場更多的鼓勵。

就從這一天開始，我相信環南市場一定會更好，這裡一直是臺北市大部分餐廳買貨的地方，也是臺北市最大的綜合市場；它現在是中繼階段，未來等整建完成、旁邊蓋好後，將會是舊市場的兩倍大。柯市長決定花六十億改建市場，是為了提升臺北市的食品安全與衛生，更是為了廣大市民的身體健康。

7月24日早上，我回到環南市場，但從第一攤到最後一攤的老闆都和我說：「怎麼辦？都沒客人！」攤商們叫苦連天，我也很心疼！以前我中午12點到市場的時候，他們都還很忙碌，但那天才早上10點就有一大半攤位收攤了，不是因為疫情，是因為沒有客人上門。

為了疫情後攤商的生機，我請市場處協助電商平台和環

南市場合作，透過電商平台網路訂貨把新鮮食材直送到家，市府也提供相關費用補助。這一波疫情受傷最重的就是他們，但趁這時快速進入數位轉型，對傳統攤商來說，也可能是面對疫情最大的轉機。

等到確診者與居家隔離者解除隔離，環南市場所有的攤商也都回到工作崗位，他們的健康與貨品安全都無虞，而且每個攤商與工作人員全都打完疫苗。7月27日起也解除身分證字號分流的限制，每個人戴口罩、勤洗手，環南市場就會變成全臺灣最安全的市場。

萬華經歷3個月近乎窒息的抗疫生活，讓每個萬華人的心中不但恐懼，而且還要忍受別人的歧視眼光，現在他們正靠著自己的努力再站起來，市府當然要全力幫忙，一起努力找回萬華的信心與榮景。

珊珊心裡話

有人用「人在做，天在看」這句話來鼓勵我，不用在乎別人說什麼或做什麼？但我更喜歡「甘願做，歡喜受」這句話，因為只要能夠幫助別人，我真的是滿心歡喜，心甘情願啊！

2 基於人性與科學的 防疫創新作為 臺北市當仁不讓

在因應防疫的過程中，臺北市率先發展出走在全國前頭的精準疫調、防疫旅館、防疫計程車、安心7000專案、防疫採檢巴士、車來速＋急門診，以及可隨時轉變的非醫院集中檢疫所等新措施，其中精準疫調更是初期防疫作為中的重中之重。

當時，我們展開「熱區圍堵」及「冷區殲滅」的策略，設置許多快篩站快速找出確診者，就是為了能精確掌握疫情動態，並迅速阻斷疫情傳播鏈。

精準疫調——
提早發現10%確診者，可以有效阻止病毒擴散

面對COVID-19病毒蔓延，精準的疫情調查及快速的篩

檢，是中斷傳播鏈最有效的策略。疫情期間各地方政府衛生
單位接獲確診者名單後，必須馬上啟動疫情調查，疫調人員
需要與確診個案溝通，調查個案自發病前14天起的所有活動
軌跡，追溯感染源；同時，填列中央及地方的疫調單，成為
後續隔離檢疫接觸者及場所清消之依據。

新冠肺炎疫情延燒兩年多，第一線的工作人員都非常辛苦，醫院的快篩站即使晚上都
還燈火通明。

每出現一名確診個案，意味著一個疫情調查案件的產生。由於疫情調查需要鉅細靡遺的蒐集各種資料，包括確診者的個人資料、病史、足跡和人際網絡等等，調查內容包山包海，需要龐大的人力來執行。而調查技巧更必須有足夠時間訓練，以清楚梳理個案足跡；同時要維護個案隱私，並掌握正確訊息。因此，疫情調查成為防疫工作中最艱鉅的挑戰。

　　依照中央規定，與確診者有接觸史的人，必須居家隔離，若於隔離期間發生症狀，之後才篩檢並發現確診，但可能他的接觸者又在外活動好幾天了。

　　2021年5月隨著疫情急速升溫，最高峰時，臺北市一天就有超過200人需要進行疫調，因此，戰術必須隨之調整。同年6月，北市府提出「精準疫調」，設計出更精細的疫調問題，包括詢問是否有家人以外的接觸關係、有無打過疫苗、電信足跡等，文件從3頁增加至8頁，疫調所需時間也由先前的半小時，拉長至約1小時。為能加快疫調效率，快速且完整的呈現個案接觸史，臺北市成立「精準疫調中心」，跨單位整合各項資訊，布建防疫網絡。

　　臺北市精準疫調以確診者為中心，各健康服務中心依同心圓模式執行疫情調查，針對「法定接觸者」儘速進行篩檢，同時擴大匡列，掌握由確診者提供之願意接受篩檢「未被法定匡列，但有接觸及被感染風險之接觸者」安排篩檢，及早發現了10%左右的確診者，切斷社區傳播鏈。

臺北市規劃精準版的疫調表單，以「格式化」、「標準化」方式精簡呈現個案疫調資料，欄位包含接觸者資料、可能感染源、接觸者篩檢結果、狀況描述、足跡、處置回報等，並以電子化及自動化判斷疫情發展。

另外，由北市府大數據中心將相關疫情資訊數據加以處理，轉化成專屬於臺北市的「疫情數據儀表板」，從風險評估到資源調配，彙整多種面向的資料來源，並以視覺化的畫面呈現，讓精準疫調團隊更實質，同時更直接地掌握感染途徑及整合性的資訊，亦作為評估風險值和制定防疫政策的參考。

精準疫調在2021年5月31日由內湖區開始試行，頗見成效；6月12日士林區、文山區、中正區加入；6月14日萬華區加入；至6月16日全市十二區投入精準疫調工作，一同朝分區清零目標而努力。

這項工作由臺北市十二區成立精準疫調群組執行，群組成員包含：十二區健康服務中心、對應的聯合醫院院區、公共運輸處等單位。

當各健康服務中心接獲確診名單後，開始進行精準疫調，依同心圓模式匡列第一圈「法定接觸者」，同時詢問是否有其他擔心感染的親友，匡列第二圈「未被法定匡列，但有接觸及被感染風險之接觸者」，納入精準疫調專案的接觸者，由專責防疫計程車接送至醫院檢驗。之後，醫院出具檢驗報告，各區精準疫調人員追蹤篩檢情形。

疫情期間，每天下午由我親自主持精準疫調會議，會議成員包含衛生局疾病管制科、十二區健康服務中心、聯合醫院、資訊局、警察局、教育局等相關局處，每日報告確診個案疫調內容，分析精準疫調資料，判定感染源、匡列接觸者、確認足跡及探討感染源，即時擬定防疫措施。

同時為了提高PCR陽性個案疫調效率，北市府建立了醫院PCR陽性通報LINE群組，當醫院檢驗出PCR陽性個案時，即同步通報市府、衛生局與十二區健康中心。一呼百應下，各單位同步啟動疫調工作，在最短的時間內進行防疫處置與因應作為。

從2021年5月31日至10月14日，精準疫調共計篩檢8037人，初期陽性率高達10%~66%之間，陽性人數132人。

另外，北市府為持續提升防疫因應作為，備援大量疫情能量，完善府級COVID-19醫學及公衛應變、研判、能量擴充及情資收集等業務，特別增設「防疫專案辦公室」，辦公室分別設立「科技輔助組」、「分析示警組」、「專案研究組」、「量能應變組」與「精準疫調組」，持續推動防疫相關工作。

防疫旅館──
符合人性與防疫需求的創新措施

2020年1月，中央宣布所有入境者都要「居家檢疫」，這

個命令對國人而言，並不會造成困擾，因為國人可以在家裡隔離；但對外籍人士而言，頓時就讓他們有些不知所措了，因為外國人大多住在旅館，只要里幹事上門關懷居檢狀況，就會被旅館發現是入境居檢者。當時因為疫情導致人心惶惶，旅館一旦發現某位旅客是居家檢疫對象，而且有感染風險時，立刻就會請客人退房，往往讓外籍旅客進退維谷，里幹事只好求助觀光傳播局，拜託市府想辦法找旅館安頓他們。

我也常常半夜接到電話，剛開始還可以請中央集中檢疫所幫忙，但中央集中檢疫所的空間有限，而且只收違規的居家檢疫者，反而讓這些乖乖居家檢疫的國際旅客無處可去。也許急中生智吧！我心想市府是不是可以招募旅館來幫忙這些無處可去的外國人。我們先找一家旅館「偷偷」來安置他們，因為旅館不敢也不願意公開名稱，所以，我說那就叫「防疫旅館」吧！從此開始用「Ａ防疫旅館」與「Ｂ防疫旅館」為代號，「防疫旅館」這名字就這樣跳出來了！最初創名的人就是我。這是 1.0 版的防疫旅館。

當時有兩家防疫旅館的幫忙，雖然有 80 個房間可以收住入境檢疫者，但他們也不知道該怎樣「照顧」這些「檢疫旅客」，像是如何做到讓他們足不出戶？如何送餐？如何收垃圾？如何保護旅館員工不受感染？這些我們都是首次面對的狀況。

為了向防疫旅館說明這些處理流程，北市府寫出全臺灣

2020年1月臺北市率先實施防疫旅館，證明臺北市走在防疫措施最前沿。
我經常去視察防疫旅館，瞭解問題及需求。

我在防疫旅館洛碁飯店，聽取他們的需求和建議。

第一套的「防疫旅館SOP」。一開始，很多民眾很排斥自家社區旁邊有防疫旅館，還有政論節目每天開罵臺北市製造防疫破口，但這些作為都是為了面對防疫困境而不得不為，畢竟光是謾罵解決不了問題，事後證明這些處置都是正確而有效的。

2020年3月，第三家加入防疫旅館的瀚寓酒店，同意市府公開旅館名稱，還將100間剛剛打造好的商務套房，全部都改為防疫房間。我們依照SOP一一嚴格審查通過，他們成為全臺灣第一家公開名稱的防疫旅館。這是防疫旅館2.0的階段。那時候，中央還沒有任何防疫旅館的政策，臺北市就已經走在防疫措施最前沿了！

隨後，臺北市所有加入的防疫旅館，全部都公開名稱並接受網路訂房，很少有鄰居或社區出面抗議防疫旅館。到現在為止，也很少因為在防疫旅館工作而染疫的員工，防疫旅館幫臺北市承擔了防疫第一線的重責大任。

防疫旅館至今運作已滿兩年，現在臺北市的防疫旅館近160家，多達12000個房間，在2021年5月疫情最嚴峻時，不少防疫旅館接受市府徵用為「加強版專責防疫旅館」，這是防疫旅館3.0，進階到專門收住確診者，讓醫院有效保留醫療量能，度過最險峻的那一波疫情。

面對嚴峻疫情的挑戰，當時我的目標是希望讓臺北市的防疫旅館都能成為「變形金剛」，也就是疫情趨緩時是一般旅館，當有大量入境檢疫需求時，可以轉成防疫旅館；而當

疫情嚴重時，又可以轉型成為加強版專責防疫旅館。簡單來說，在不同情況下，同一批旅館可以因應不同的任務，這才是最有彈性的防疫作為。

現在北市防疫旅館已升級到4.0，就是專門收住「居家隔離」的防疫旅館，因為歸國旅客實在太多，坐在飛機上的前後排旅客，可能因同機有人確診就被要求「居家隔離」。一個旅客確診就要隔離十多人，但回國旅客多半只訂了7天或10天的防疫旅館，後7天或後4天就必須回家居隔。可是因為旅館訂房很滿，無法讓他們續住，但回到在家裡又沒辦法一人一戶，最後市府還是要安排他們到另一家旅館繼續「居家隔離」。這就是防疫旅館4.0。

兩年來的防疫工作，北市府每天面對不同的挑戰、找盡各種方法解決問題，防疫旅館已成為北市的防疫堡壘，這些在防疫旅館內工作的無名英雄們，值得國人為他們喝采。

防疫計程車——
疫情壓力下的安心便民措施

從2020年1月21日Covid-19第一例確診開始，臺北市疫情指揮中心就密集召開會議，很多防疫措施與紓困方案都是各局處在會議中提出之後，再經過反覆推敲，進而率先推動，最後，中央與其他縣市政府也陸續跟進這些措施，像是

2021年疫情大爆發，因應需求，臺北市產出專責載送確診患者的專責防疫計程車，司機必須穿著密不透風的防護兔寶寶裝，真心感謝他們的付出。

防疫計程車就是因應現實遇到的困難，所想出的解決之道。

其實疫情開始擴散沒多久，就有不少人向市府反應，一旦居家檢疫不舒服，想要看醫生該怎麼去？坐計程車？走路或家人送？如果真的確診了又該怎麼辦？畢竟這些人都算是高風險族群。還有一個新聞報導，有人回國先搭高鐵，然後回到南部之後才開始居家檢疫，這中間會造成多少傳染風險，簡直把我嚇壞了！

早先中央說這些居家檢疫的人，如果想去醫院可以自己

去，這讓我們處在疫情第一線的人很傻眼，很多里幹事也反映，這些有就醫需求的人到處趴趴走，讓他們都快被嚇死了。我每天開防疫會議，直覺這樣不太對，就請同仁詢問車隊，可以用計程車包車方式嗎？但可想而知，一開始都沒有人願意載有風險的人，而且事前還要花時間接受專業訓練，問了很多司機，幾乎都被拒絕。

幸好這個時候居家就醫的人還不太多，所以我們把需要就醫的人分成兩類，第一類和呼吸道有關的患者，不論輕重都坐救護車送醫；至於割破手、跌倒、肚子痛等其他類別，則不需要叫救護車。當時，我對用計程車載送居檢者一事，仍然沒有死心，我請公運處去問計程車隊，由政府徵用包車，防護裝設備和訓練也由市府出，他們是否願意接受？終於在多次協調之後，「防疫計程車隊」總算正式成立了。

防疫計程車隊的駕駛們，在完成專業訓練後，就可以投入防疫接送任務，協助運送無發燒或呼吸道症狀的居家檢疫及隔離者，前往篩檢、就醫或返家。市府也提撥相關津貼補助，而且一旦發生計程車司機染疫，也會有相關補償辦法。這些規範都確認後，防疫計程車才開始上路，而且運作良好。

後來中央自己發現事態嚴重，因為有越來越多陸續回國的人，讓這些人自己坐車回家實在不妥，因為一路上完全沒有防護，在各方質疑聲浪下，中央終於決定在機場開設防疫計程車，也算是亡羊補牢吧！

安心7000專案——
反向思考，讓健康家人住旅館，大家方便又安心

「安心7000專案」的出現，則是因為防疫旅館數量不夠，當我們正在傷腦筋時，我看到朋友的臉書，他們夫妻倆在家附近的旅館打卡，我問她為什麼家在臺北還跑去住旅館？她說因為孩子從留學國回來，找不到防疫旅館，而且家裡衛浴共用，不符合一人一戶的規定，所以就決定由爸媽去住旅館，孩子在家檢疫隔離；這樣不但爸媽可以趁機休息，還能替孩子送餐，也不會交互感染，避免爸媽也要隔離而無法上班。

我覺得這個方法很聰明，就和柯市長報告。柯市長馬上同意，就促成臺北市民居家檢疫14天7000元旅館補助方案。這個政策就是這樣演進而來。碰到問題，要想盡辦法解決問題，而且在當時疫情下，臺北市的旅館業非常蕭條，邊境管制後，完全沒有國際觀光客，連商務客都變少，這個方案也希望能夠解旅館業燃眉之急。

除了「防疫旅館」、「家人住旅館補助7000元」等方案外，市府也在2021年3月24日啟用「安心檢疫所」。因為有些被旅館拒收的居家檢疫者，例如家有臥床老人或小孩，家人必須照顧而無法去住旅館者，或經濟上有困難者，這些都由民政單位轉介到安心檢疫所。

臺北市民的自主應變真的很聰明，臺北市政府也盡量提供可能的協助，希望用最少的資源，達成最大的效益，順利打贏這一場防疫之戰。

「防疫採檢巴士」——
得到國家服務獎的創新設計

　　去年（2021）5月疫情大爆發之後，原本我們以為萬華剝皮寮一天大概只有十多個人確診，數量應該不會太多，而且當時計程車沒有意願載送確診者，所以我們就派了消防隊的大巴士等在剝皮寮，以便載送陽性確診者。

　　沒想到，剝皮寮第一天就驗出16人陽性、第二天60人、後來爆量到每天100多人。由於規定大巴士車內要維持梅花坐，車輛根本不夠用，而且天氣太熱，大家在車上等太久（規定坐滿16人才能開走），甚至有人得從早上8點等到晚上8點，這時也不可能再用救護車，所以，這個時候又因應產出了專載確診者的「專責防疫計程車」，與一般防疫計程車不同，因為乘客都是已經確認的確診者，所以司機必須穿著密不透風的防護隔離衣，開著車窗接送確診者，可以說是特別辛苦。

　　面對不可知的病毒，我們只能見招拆招。另一個值得稱讚的創新作為，就是「防疫採檢巴士」。

這是為了因應中央防疫規定，要求所有回國住防疫旅館的人，在解隔離前都必須強制採檢。最初大家都是由防疫計程車接送到醫院採檢，但隨著隔離滿14天要出關的人愈來愈多，計程車數量也逐漸不敷使用，於是我就想到可以用「採檢巴士」的模式來因應。大巴士上配備全套採檢設備和醫護人員，巡迴在100多間防疫旅館，然後所有防疫旅館排好順序班表，只要巴士到了防疫旅館門口，需要採檢的人就下來，走到巴士上接受採檢，這樣子，需要採檢的人不需要擠在醫院門口排隊，醫療量能可以舒緩，空間也不會擁塞，大家都可以省了不少事。最後，這個北市首創的「防疫採檢巴士」，還得到了政府服務獎的表揚。

「車來速＋急門診」——
想盡辦法就是要讓市民安心與方便

原本隔離期14天，歸國者或旅客都住在防疫旅館，解隔離前在旅館等待採檢即可，非常方便好管理。但到2022年過年前，中央推出春節專案，隔離期突然變成7+7或10+4，原本住在防疫旅館隔離滿7天的人，回家自主管理7天後，還必須將他從住家送到醫院篩檢。天啊！我一想到春節會有一萬多人回國，這要怎麼辦？從旅館回家是一趟旅程，7天後又要載居隔者從住家去醫院排隊採檢，然後採檢完，又要坐一趟

車回家，過程中風險增加了不知道有多少？為了克服這種困境，我想到可以用「車來速」的做法來因應。

我必須說用「車來速」採檢真的很酷！最早我們是在大佳河濱公園規劃了很長的車道，在住家隔離期滿的居家檢疫者，先安排計程車接他們去大佳河濱公園，然後計程車只要打開車窗，讓車外的檢疫人員把兩根管子插進受檢疫者的鼻子內來進行採檢，人不用下車就可完成採檢，然後原車回家。

這樣一來接送檢疫者的計程車，不會全都堵塞在醫院門口排隊，造成醫院附近大塞車，更何況這些檢疫者都還是有風險的人，他們從醫院內排隊到醫院外，不可避免會引起附近社區居民的恐慌。

車來速真的很有效率，來檢測的車子排隊不到一分鐘，就能接受檢測，算是成功疏緩了防疫風險和醫院擁塞的問題。

到了今年（2022）4月中下旬，疫情快速爆發，當時中央規定所有快篩陽性者都必須要再做PCR確認，但快篩陽性者愈來愈多，如果所有快篩陽都到醫院做PCR，則醫院急診室一定馬上被塞爆；另外，急診室內原本就有許多急症者，像是肚子痛者、車禍受傷者等等，當快篩陽性者大量湧入急診室，就會有嚴重交互感染的可能性。所以北市聯醫快速成立「防疫急門診」，讓快篩陽直接在醫院外面的防疫急門診，看病拿藥做PCR，不允許再進入急診室與一般急病者混流了。

各大醫院設立防疫急門診應付大量病人，但隨著社區大

流行，快篩陽的人還是愈來愈多，當防疫急門診都開始大排長龍時，不得不考慮再做車來速，要把快篩陽從醫院帶出來，避免造成醫院負荷過大，而且非常有必要把確診者和一般病人隔開，以免更嚴重的交叉感染發生。

春節期間的車來速專案立了大功，但大佳河濱公園碰到4月底的防汛期，場地無法使用，必須再想其他地點。我首先想到士北科技園區，因為這是新的開發區，只要把馬路封起來，就可以當車來速場地。但是萬萬沒想到，士北科車來速開始看病拿藥和PCR的第二天，量能就爆掉了，一天湧入超過1500人，完全超出設計的量能上限。不比不知道，用士北科車來速的量能爆表，可以推估出臺北市各大醫院的量能壓力有多大。

我第一時間就想到捷運木柵機廠旁的停車場和中正紀念堂，希望能夠在這兩地趕快加開車來速。於是我立刻徵召合作夥伴萬芳醫院和臺北榮民總醫院，準備進場作業，當時的安排是，士北科由聯合醫院負責，木柵機廠停車場則由萬芳醫院負責，中正紀念堂由臺北榮總負責，分別執行看病拿藥和PCR的「車來速＋急門診」作業。醫護人力支援車來速不成問題，真正的問題是實驗室量能不夠，當時萬芳、聯醫和北榮三家醫院一天只能篩檢5000人左右而已，整個社會因為PCR量能不夠，引起了非常大的紛亂。

快篩陽即確診，中央決策慢半拍

回想5月初，柯市長率先建議中央，應該視快篩陽同時有症狀者等同於確診，但中央完全不接受。各地大爆量之後，很多快篩陽的人都一邊咳一邊去排PCR，交叉感染十分嚴重，臺北市的車來速＋急門診有效解決了這個問題，疫情才沒有進一步地擴大。

那時候，如果中央接受柯市長呼籲，讓快篩陽同時有症狀的人直接列為確診，就不用再做那麼多PCR了。當時做PCR的主要目的，不過是為了保險和請假而已，但如果能早點確認為陽性，就可以直接看診並給藥，不但可以減少很多因為拖延而導致的中重症，而且民眾也不用為了排隊做PCR，而多受那麼多苦了。

柯市長在5月初即提出「快篩陽＋有症狀」就可以認定為確診先給藥，以減少中重症發生。但中央的考量說是為了那10%的偽陽性，甚至衛福部長陳時中還說這是人身自由。在疫情時代，很多事應該以科學來判斷，像快篩陽有九成正確，所以柯市長才主張快篩陽再加上有相關症狀，但中央卻為了10%偽陽性，耽誤了那90%確診者的就醫時間，這又該如何向社會交代呢？

5月底，中央終於公布「快篩陽＋直接症狀」算確診，同時，診所同步加入問診和開藥，PCR爆量大排長龍的情況才逐

步緩解。疫情首當其衝的雙北都感嘆，如果早這樣做就好了，中間隔了25天，最後還是做一樣的事。疫情最高峰時，北市一天有一萬多人排隊等著要做PCR，真的讓人想到就頭皮發麻。

談到中央和地方政府溝通的問題，在疫情期間，其實應該是大家一起打仗，尤其是中央必須協助第一線的地方政府，但是我們常常必須自主應變，口罩、疫苗、快篩劑三缺的時候，找誰都沒用，更不要說中央政策都是隨時說變就變，真的會累死三軍啊！

防疫變形金鋼——
急民所苦的救國團

救國團的劍潭青年活動中心是市府用地，過去一直都是委外經營，由救國團付租金給市府來租用，但因為救國團的屬性關係，因此常有綠營人士要求市府收回，但因租約還沒到期，所以救國團仍然是北市府的承租戶。雖然綠營人士視救國團為眼中釘，但我仍然要對救國團在疫情期間，給予北市府的大力協助，表達最大的敬意與謝意。

之所以會提到劍潭青年活動中心，是因為疫情期間中央安排的臺北檢疫所，大多都在陽明山等偏遠之處，柯市長覺得太遠太不方便，我就想到也許可以使用在劍潭站旁的青年

活動中心，於是請市府相關同仁去和救國團洽談，當然結果就和防疫計程車一樣，第一時間就被拒絕了。

我不死心，決定親自去拜訪。我與救國團目前的負責人葛永光老師是舊識，我想或許見面三分情，可以因此說服救國團吧！沒想到的是，當我電話打過去，當時人在高鐵上的葛老師，立刻在電話中就答應了。於是，北市府採徵用方式並支付包底費用，同時派了醫護人員開始進駐，就這樣，劍潭青年活動中心成為北市加強檢疫所，到現在已經兩年多了！

疫情期間，人口最密集的臺北市，不斷面臨各式各樣挑戰，幾乎都處在全國第一線，像是把劍潭青年活動中心這樣原本只是一般的活動場所，變成能收容居家檢疫、居家隔離者，以及確診者的專責級防疫旅館，並不是一件容易的事。劍潭青年活動中心看起來很大，但內部卻只有200多間房，我們用心規劃，充分運用空間，把這裡變成了防疫前線的變形金剛。

平時，這裡可以應付大量居家檢疫的人，如果醫院收容確診者量能不足時，這裡馬上就能變成加強版的防疫旅館。我的要求是，在二天之內就要能轉換成另一種房型。大家都被訓練的很有效率和專業。

在這裡協助的人，包括了活動中心原本的房務人員，還有召募而來的離退醫護人員組成的天使隊。因為疫情一開始時，臺北市就發下離退醫護人員召集令，本來只是希望他們

協助查核防疫旅館。但這100多位專業的離退醫護，在疫情嚴重時，立即又可以變成加強版防疫旅館的種子教練，當防疫旅館後來增加到1200間時，他們已經訓練出足夠的志願軍加入服務行列。這些從全國招募來的天使隊，至今仍在防疫最前線，成為疫情期間不可或缺的無名英雄。我在此也要向他們致上最大的敬意。

珊珊
心裡話

因為出生在平凡家庭，所以我特別能夠體會庶民的生活，他們會遇到什麼困難？需要得到什麼協助？就因為我清楚知道民眾的需要，所以才能因應需要，想出這些創新的防疫措施，才能夠幫忙到所有因為疫情而需要被幫忙的民眾。

中央安排的臺北檢疫所，大多在陽明山等較偏遠之處，對於民眾而言非常不便，所以北市府在救國團的劍潭青年活動中心成立加強檢疫所，以方便民眾。

3 決策不能人云亦云 必須看得夠遠 做出正確決策

　　決策必須本著「以人為本」的精神，以科學數據做依據，才能做出對人民最有利的決定。

　　當國內一般人對於病毒還沒有充分警覺，普遍認為聞名國際的俄羅斯芭蕾舞團好不容易來到臺灣演出，發生幾例確診應該沒那麼嚴重，不需要大驚小怪吧！但是，對必須為所有臺北市民負起責任的市府而言，我們必須依科學證據斷然停止俄羅斯芭蕾舞團的演出。

　　相反的，當各縣市陸續取消實體跨年晚會，讓大家只能待在家裡看電視的時候，臺北市政府卻獨排眾議決定照常舉辦實體跨年晚會，很多人抨擊北市府，認為跨年之後一定會造成病毒擴散云云。但事實證明，跨年晚會經過縝密布署，

確保防疫的原則下，順利舉辦，再一次顯示臺北市政府以人為本、以科學為依據的決策模式是成功的。

防疫首場挑戰
俄羅斯芭蕾舞團染疫停演

對於臺北市來說，2020年底來臺演出的俄羅斯芭蕾舞團的團員確診，是一項艱難的考驗。像是如何安置團員？如何和飯店與安心檢疫所溝通？再加上和中央之間的不斷協調，都必須要在非常短的時間之內完成，在在考驗北市府的溝通應變與執行協調的魄力。

莫斯科古典芭蕾舞團由聯合數位文創邀請來臺演出，原本預計2020年12月16～27日，在臺北國家戲劇院以及高雄衛武營國家藝術文化中心演出十二場次。不料就在首演前一天卻驗出四名團員確診COVID-19。

衛生局同仁在12月15日中午第一時間通報，我立刻向柯文哲市長報告，柯市長指示應該暫緩演出。我馬上打電話給衛福部陳時中部長，表達臺北市政府的立場。陳時中部長晚上回電說要請文化部提出防疫計畫，但原則上可能不會同意停止演出。我再次重申立場：臺北市政府認為應該停止演出。

12月16日首演當天，我早上與中央指揮中心視訊會議，中央防疫醫師及組長都表示，團員各自居家檢疫，應該沒有

感染風險，只要與觀眾和工作人員保持距離，應該可以演出。我和衛生局長黃世傑立刻反應，地方政府為了防疫考量，還是希望能夠停止首演，如果堅持要演出，至少應該要再做一次採檢。黃局長與中央長官爭辯，我也堅定表達停演的立場，但當時並沒有得到正面回應。

當天下午透過媒體得知，中央決定再次進行採檢，並在晚間6點半決定是否進行演出。隨後主辦單位主動宣布首演取消，中央則表示採檢結果隔日再宣布。當晚我接到陳部長電話，告知又有團員確診，因此，演出活動確定全部取消。

12月17日早上晨會，我向柯市長報告，衛生局疾管科已準備好接送巴士與安心檢疫所的44個房間，提供剩餘44位被列為居家隔離的團員入住。中午又接獲中央指示，外交部反應外館希望原地居家隔離，要求我方評估原飯店設專區的可能性。我打電話給陳部長說明，我方可以配合，但希望中央正式發公文，以免違反非防疫旅館不得收住居家隔離者的規定。陳部長原則同意並於記者會上公布。

雖然決策已確定，但團員入住的福華飯店得知消息後，強烈主張他們沒有受過專業訓練，也非防疫旅館，不同意繼續收住應隔離的團員（防疫旅館只能收居家檢疫者，不能收居家隔離者）。團員們得知飯店立場後，情緒不安並拒絕配合移動，不得已之下，我只好在下午4點親自到飯店，要求主辦單位於6點以前移置，否則將依《傳染病防治法》開

罰；我也同步告知陳時中部長，請他與外交部及文化部解釋市府的立場與作法。

12月17日晚上，柯市長宴請駐華使節，俄羅斯大使向我抱怨，我再三說明，政府雖同意專區管理，但飯店並非防疫旅館且不願配合接待，因此市府也只能依法執行。俄羅斯大使才說他資訊錯誤並表示理解，同時派外館同仁進一步安撫勸導。晚間9點，我再到飯店視察，確認團員已撤離到安心檢疫所，並獲得妥善安置。

12月18日，得知團員要分三梯離境，我和安心檢疫所的同事討論時特別提醒，這些優秀年輕的團員，現在心裡一定很沮喪，所以臨行前記得要致送團員們臺北的小禮物，再附上柯市長親筆卡片，讓團員們感受到臺北市的溫暖。

短短三天雖然過程跌宕，但我們始終保持良好溝通，我們的立場就是要保護好臺北市民，雖然邀請國際享譽盛名的舞團來臺灣演出是一件好事，全世界也幾乎只有臺灣，還能在疫情期間進行大型藝文活動的表演，所以停止演出的決定並不容易，但市府憑藉專業的判斷做決定，及時阻擋了可能的傳染風險。

整個事件沒有藍綠、沒有對立，沒有黨派，只有堅持與合作互信，我在這個過程中再次學到：「對的事，堅持做就對了！」

溫馨而熱鬧的跨年晚會
臺北市沒有被病毒打敗

2021年的一整年，新冠疫情在世界各地迅速爆發蔓延，臺灣也同樣陷入新冠風暴一整年，中央疫情指揮中心在5月將疫情升為三級，全國人民都陷入恐慌之中。未知的事情永遠最令人恐懼，因為我們對於病毒的瞭解實在太少，到底病毒應該要怎麼防範？每一個專家都有一套說法，讓人民無所適從。唯一的共識就是趕快打疫苗，但從沒有疫苗到搶打疫苗的慌亂場景，讓我們理解到，政府的任何一個決策，都可能造成人民心理上的恐慌和身體上的傷痛，豈可不慎乎！

縱使病毒很猖狂，但人民的生活還是要過下去。2021年9月以後，大家慢慢恢復正常生活，逐漸回到辦公室工作，因此，臺北市政府希望各種慶典活動也能正常舉辦。不過，對於到底要不要舉辦跨年晚會？仍然成為一個非常掙扎的困難決策。一方面牽涉到臺北人在跨年時，齊聚市府和101大樓前的倒數記憶；另一方面則是對於數萬人群聚場合，會不會造成病毒擴散的憂慮。

雖然我們有大數據的分析和專家依科學證據所做出的建議，但看到其他各縣市陸續取消實體晚會，仍然非常考驗我們的心臟強度。最終，我們還是信任科學證據與大數據分析，決定採取高規格實名制的方式舉辦跨年晚會，這也讓臺

北市成為當時唯一舉辦實體跨年晚會的縣市政府。

　　「臺北最High新年城-2022跨年晚會」，在2021年12月31日晚間7時於臺北市民廣場隆重登場，市府在晚會活動現場圍設管制區，設置3個入口、24個通道。當天下午3點開始開放入場，民眾須量體溫、消毒、戴口罩，並以實名制方式進場。民眾只要透過臺北通APP掃描QR code，或持臺北通綁定之悠遊卡即可快速感應進場。

　　儘管外有病毒疫情的壓力；內有15度低溫的寒冷，天空還不時飄下綿綿細雨，但年輕人的熱情，還有希望和朋友一起跨年倒數的渴望，管制區內仍有超過5萬4千人。若加上市府外圍、信義商圈等在管制區外觀賞表演及等待煙火的民眾，估計至少超過11萬人一起倒數，迎接新年。

　　同時，透過電視或網路平台觀看臺北跨年晚會直播的人數，應該會有將近740萬人次；東森綜合台的收看人數也多達300萬人。晚間23：59分倒數時刻，網路最高即時在線觀看人數達到170萬人，臺北市跨年晚會參與人數蟬連全臺灣之冠。這一場溫馨而熱鬧的跨年晚會，讓飽受疫情所苦的民眾，無論從現場或轉播，都可以一起嗨翻迎新年。

　　在疫情下舉辦實體跨年晚會，大家內心都有很深的感觸。柯市長在致詞時也有感而發，他說，「2021年是臺灣比較辛苦的一年，疫情在5月中突然爆發，大家的生活因此受到許多干擾與限制，還有人失去親人。但最困難的是，如何

面對各種挫折打擊，仍然保有對人和事的熱情，大家應當把挫折和打擊化為前進的動力。」

新冠疫情改變了大家的工作型態、限制人與人之間的交往，也改變公共生活的認知。從5月開始，北市疫情達到高峰，但好在市府在兩週內就控制住疫情，所以，年底才能舉辦跨年晚會，大家一起倒數同歡。這一切都要感謝市民的犧牲與忍耐，自動自發地配合政府的防疫政策，有效阻斷社區傳播鏈，我們也才能如往年一樣舉辦這場令人百感交集又「足感心」的跨年晚會。

珊珊
心裡話

俗話說：錯誤的決策比貪污還可怕。
因此，決策者在做決定的時候，必須依據科學數據和專家意見，千萬不能獨斷獨行，否則不但會造成城市的災難，也可能直接傷害到人民百姓。

　　所謂的政治，不能只和政黨、選舉劃上等號，它直接攸關所有國民日常的大小事，所以孫中山先生才會說：「政治是管理眾人之事」。在寫這些故事的時候，所有的事情彷彿都還歷歷在目，疫情期間可以看到人性自私的一面，但也可以看到無數人性的光輝。所有的一切，人民都會看在眼裡，任何的心機計算，也一定躲不過時間的檢驗。

　　防疫過程中，沒有一件事是容易的，也沒有一個人是不辛苦的，但我知道，任何一個決策都無法讓所有人滿意，只要有人受益，就表示相對要有人付出，所以決策者必須要有一腔熱血與公心，面對問題，解決問題，要用科學證據來克服困境，讓最大多數的人受益。這樣才稱得上有擔當的領導者。

勇敢做對
堅持**合理中道**的
治理程式

PART

3

　　陳年問題之所以會陳年，必然有其時代性與複雜性，但對於陳年問題視而不見，絕不是一個偉大城市該有的態度，就像小病拖久了會成大病一樣，陳年問題不處理，也許哪一天就會成為城市之瘤，會讓所有市民付出不可承受的代價。因此，愈是陳年老問題，愈要用耐心與細心儘快處理。

　　我認為在城市治理上，沒有解決不了的問題，只有還沒找到解方的問題，只要從合理中道的角度思考，用同理心傾聽不同的聲音，就一定能找到妥善解決問題的方法。

1 攤販精進計畫——
市民、攤商與市府的
三贏策略

　　我接任臺北市副市長沒多久，臺北市議員劉耀仁就在質詢時反映公館夜市攤販每天都在收違規紅單，但卻又難以徹底取締的現象。會後柯市長詢問我的意見，我說：「我在臺大唸書時，這些攤販就在那裡了，幾十年來已經成為當地居民跟臺大學生日常的一部分了。」

　　夜市是臺灣市集文化的代表之一，但過去的管理方式只是讓警察與攤商玩「鬼抓人」的遊戲，甚至衍生出灰色地帶的紅包文化，卻始終沒能解決問題。柯市長說，違規攤販已經取締了幾十年，但依舊存在，就表示原本的方法有問題。我也認為要瞭解市民的需求，才能解決問題，官員一句「我沒買過」的不沾鍋態度，只會讓市民與政府的距離愈來愈

遠。我自己也常逛夜市，所以我知道攤商需要的是管理，而不是取締。

攤販精進計劃Part1——公館水源夜市

我在臺大讀書的時候，經常會去公館吃飯、逛街和看電影。當時許多攤販都在路邊擺攤，人來車往，熱鬧非凡，但也經常發生人車爭道，險象環生的狀況。這樣的現象一直持續了30多年，始終沒有改變，甚至連賣水果的阿姨都沒變過。

城市的進步必須與時俱進，如果沒有進步其實就是退步。但為什麼這種混亂、無序，甚至不安全的狀況，可以持續幾十年呢？而且大家還可以視而不見？我當議員的時候就覺得這是個問題，而且我發現臺北市許多地方都有同樣的問題。

以水源市場為例，混亂無序的原因就是違規攤販。這些攤販為了生活，從很早之前就在這裡擺攤了，但始終都沒有很好的管理，因為法律不承認他們的存在，所以是「違規擺攤」；而攤位就在馬路邊，常常影響交通安全，所以警察來了就開單，然後攤販就跑給警察追；這種你跑我追的情況，時間一久，警察就開始睜一隻眼、閉一隻眼了。因此，有些攤販一擺就是幾十年，慢慢形成大家熟悉的水源夜市。

雖然夜市成了既成的事實，但違規攤販還是違規，一旦有民眾檢舉，警察還是必須執法，於是又開始新一輪的貓抓老鼠。這些攤販的確有一些嚴重阻礙了交通，但也有一些攤販是待在不妨礙交通的位置上，所以地方民意代表和警察機關也很為難，雖然攤販違規不合法，但他們也是為了討生活，而且他們擺攤的時間已經那麼久了，市民大眾都習慣也很享受夜市帶來的便利。

所以，時間一長就變成一筆糊塗賬，政府既不承認攤販，又不趕他們走，而民眾每次檢舉的時候，警察取締也不是，不取締也不是，這對政府公權力和市民權益都是一種傷害。

這個問題牽涉到交通安全、市容觀瞻、觀光旅遊，以及食安、公安等等面向，也不能放任不管，必須依法處理。我在當市議員的時候，就曾經向市府建議過「違規攤販精進管理」的意見，既然現在擔任副市長，當然更沒有理由視而不見，必須積極合理地進行處置。

市政沉疴，要有勇氣、有方法面對

我擔任議員時，違規攤販和違章建築的處理，就是臺北市幾十年來一直存在的大問題，也是我擔任議員期間，感覺最困擾的兩件事。對於臺北市政府而言，兩者都有一樣的困境。違建的問題不但是想拆也拆不完，然後還常常不拆，讓

違建繼續留著；當下次查報或被檢舉的時候，住戶又四處陳情；不但議員很困擾，市府公務員也動輒得咎。流動攤販和違建這兩者都屬於不合法，但在執法實務上又很難根除，久而久之就變成了市政的陳年老問題。

問題不能視而不見，必須務實面對。首先要確認基本態度，是否要把所有的違規攤販全部消滅？如果是的話就強力執法，馬路歸市政府管，攤販阻礙了交通，市府有權要求攤販搬走，整頓交通。但如果攤販們已經在那邊30年了，始終都無法被趕走，就必須正視它的存在。

所謂「存在即合理」，這時我們是否能換個角度思考，即使不能讓他們就地合法，但至少在有條件之下納管，讓他們做到不阻礙交通、不影響市容觀瞻，以及確保食安與公安的基本要求。

我把這想法向柯市長報告後，也具體提出了一個市集攤販精進計畫：

1、時間：所有攤販必須在固定的時間才能擺攤。

2、地點：固定的區域，馬路兩邊攤販的中間至少要空出3.5公尺的消防通道，以便消防車、救護車等緊急救難車輛通行，維護公共安全。

3、對象：實施實名制。市府必須知道是誰在這裡擺攤，除了方便追蹤管理，同時確保食安與維護消費者權益。因此要成立「市場自治會」並且進行造冊，每一

個攤位都分配好固定的位置與時間，只要在造冊規定的時間內擺攤，就不會開罰單，一旦超過規定時間，或不在該有的位置上擺攤，就是違規要開罰。

4、連坐：在管理上採用記點連坐制，違規就記點，超過規定點數，就撤銷整條街所有攤販納管權。也就是說，攤販不能只管自己的生意，還要相互監督不可違規。例如隔壁攤突然一顆鳳梨賣1600元，自治會必須自律管理，制止黑心攤商，攤販之間彼此提醒監督，才不會讓一粒老鼠屎壞了一鍋粥。

5、食安：用補助方式增進環保與睦鄰。規定攤車賣食物，不能將油水倒進水溝，也不能排油煙污染空氣，只要願意裝設截油器、截流器等環保裝備，市府就會補助相關設備經費。

　　這個「市集攤販精進計畫」最重要的意義，就是承認攤販們存在的事實，並且納入管理；這樣一來，攤販不用躲警察，可以安心做生意，把心思用來改進商品的品質，環境整潔乾淨，食物美味衛生，生意才會愈來愈好；警察可減少勤務，也不必經受紅包文化的誘惑與考驗；而且交通安全、市容觀瞻，以及食安、公安都可獲得一定程度上的保障。

　　攤販納管讓所有攤販榮辱與共，如果有人嚴重違規且超過一定次數，整條街的攤位都會被清掉，所以攤販們都很珍惜這個機會。艋舺夜市自治會就跟所有攤販說，「如果沒有納

艋舺商圈裡的艋舺夜市、華西街、梧州街、廣州街及西昌街，全部納管改造後，整個夜市煥然一新，吃美食還能領略艋舺文化。

管計畫，我們這輩子都是違法的，我們要珍惜這次改造翻身的機會。」

夜市精進計畫實施的過程中遇到很多阻力，但大家希望臺北愈來愈好的心是一樣的。

新冠疫情的爆發，意外成為市集攤販精進計畫的助力，因為疫情導致生意不佳，我和攤販們說，趕緊趁這時來改善環境和設備，這樣成本最低，經濟效益最高。攤位餐車美觀

公館夜市精進計畫執行後，2021年1月水源市場舉辦尾牙宴，特地邀我參加。大家都很高興可以安心做生意了。

整齊，食物美味又衛生，未來生意肯定會更好。

　　攤販們聽了我的建議，不但將招牌統一形式，還做了制服，連遮陽傘都統一成布帳，連帶美化了市容。攤販們穿戴整齊，環境乾淨衛生，更因為防疫需求，加做了透明玻璃遮罩。直到現在還不斷提出各種再精進的修正計畫，非常認真的自我管理。

　　疫情爆發之後，他們也開始與外送平台合作。而市府為

北市府的攤販精進計畫就是將無照攤販和市集造冊並納管，第一個案例是公館夜市，現在整個商圈更加衛生乾淨。

落實全面e化的政策，也規定如果攤商沒有e化就不得納管。所以大家都變成了先進的e化攤商，悠遊卡、悠遊付等各種行動支付工具，在夜市都可以使用。過程中，所有攤商都很配合，因為不再違規，而且轉型e化，對他們可說是人生的大事。

夜市精進計畫執行之後，讓我印象最深刻的是，水源市場在2021年年終舉辦尾牙宴，還特別邀請我參加。他們說：「已經50年沒有辦過尾牙了。」因為他們的存在一直是違法與違規，因此不能正大光明的辦尾牙，納管之後很感謝市府給他們這個轉型的機會。

尾牙現場有近50桌，很多人都是從年輕時就開始在水源市場擺攤，有一個老闆娘跟我說，水源市場一開始，她就在這兒做生意了，從小姐到媽媽、再到阿嬤，擺攤足足50年了！看到現在的改變，她真的很滿足。

整個水源市場的範圍，除了中間的市場，還要再加上旁邊兩條小巷子。雖然是兩條小巷子，但卻容納了80個攤商，現在也都改善的很整齊，而且裡面有很多米其林美食，我最喜歡的就是地瓜球和蔥抓餅。巷子小，但大家都井然有序地排隊，即使要排隊等很久，也不用擔心交通安全或警察來開單的狀況了。

2022年2月11日晚間，我陪著柯市長回到公館查看攤販精進計畫的進度。商家們都裝了油煙處理設備、油脂截留器

與遮陽傘，攤商們也穿上統一制服，整個商圈看起來更加衛生乾淨。

我們正在改進更多夜市與市集，給臺北市民更安全與衛生的生活環境。而且這些攤商代表著臺北的美食文化，我們希望疫情過後，能用全新的面貌來迎接外國觀光客。

最後，我想強調的是，政府應該正視各種難題，解決問題而非視而不見。

攤販精進計劃Part2 —— 雙連市場

雙連市場旁的攤販市集則是另一個個案。當時，臺北捷運公司在推動改造雙連捷運站周邊的公園綠地，並希望一併整頓民生西路45巷的違規攤商。附近的攤商很多人都在這擺攤幾十年了，當然希望可以繼續做生意、討生活；但在地居民也希望能還給他們安全的空間，因為原本就不大的巷子，兩邊一擺攤，變得更擁擠，人潮一多就寸步難行，車輛也無法通過，交通和防災都是問題與隱憂。

攤販與當地居民兩邊的意見衝突，不但攤販向市府抗議，為什麼要建公園而扼殺攤販的生計；另一邊的人也大聲抗議，為了環境安寧、交通安全與防災空間，希望攤商都撤離。其中還有一些政治人物在裡面操弄，有的說市府扼殺小老百姓的生計；有的則說市府扼殺了綠地。

┃柯市長也常常找我在下班後，一起走走逛逛，看看市府是否還能讓夜市更精進。

　　這件事情公說公有理，婆說婆有理，但對我來說，就是面對問題，解決問題。一方面，攤販也是城市的一部分。攤商中有許多歐巴桑，她們自己種菜再扛來這兒賣，只是想要貼補家用；而且這兒距離公有市場有點遠，對老人家來說，家附近的這些小菜攤反而比較方便；而另一方面，規劃中的公共工程與提升市民的生活品質也都不能被耽誤。所以，這件事情的關鍵，就是要找到一個大家都能夠接受的平衡點。

我決定一攤一攤去跟他們說明，市府接下來要怎麼做？希望大家能夠配合。

記得那天我要去市場的時候，幕僚擔心的說：「妳還是不要去吧！攤販們抗議，可能會被打！」我對他說：「進廚房就不要怕熱，議員當20年了，難道還怕抗議？」

對於這件事情，我能理解攤商們的反彈情緒，因為直接關係到他們的生計。所以，要解決他們的問題，就要從他們的角度去思考。像是他們為什麼要抗爭？因為他的生計要被斬斷啦！如果你以為自己是官，大家都必須聽你的，沒人會理你的啦！所以我們必須誠懇告訴他們，政府會怎麼處理這些事，要站在他們的立場去想事情，才能夠真正解決問題。

因此，我親自到雙連市場去拜訪每一攤的老闆，向他們說明，市府還有其他的公有市場，可以安排他們過去做生意。如果他們不想去別的公有市場，只要大家願意，還是可以進行納管改造，但必須要先讓市府施工改建公園。施工時，因為要把道路拓寬，所以鄰近工程的這半邊先停業。等完工後，保證會讓他們再回來擺攤，但要造冊納管，並依照規定的位置擺攤。同時，道路中間要空出3.5公尺的安全通道，讓救護車和消防車可通行。

就這樣，我們先對攤商承諾，一定會讓他們回來擺攤；然後對住戶保證，攤商改造納管之後，除了會解決交通安全和防災空間的問題之外，也能提升附近環境品質。事實證

明，攤商們做新攤車，統一了制服、遮陽傘，整個環境整齊清爽。慢慢的，原本反對攤商再回來的聲音變小了，因為居民們也逐漸習慣市場帶來的便利。這就是雙贏的結果。

說服攤商是一個很戲劇化的過程，一開始他們以為政府要砍他們的生路，所以情緒激動，要來市政府抗議、砸雞蛋，但我們耐心與他們溝通，逐漸達成共識，讓他們願意接受市府的後續計畫。而且副市長親自來承諾，「我保證一定會讓你們回來。」為此他們才放心，才願意接受。

整片攤商區有兩個自治會，彼此之間可能也有一些狀況，偶爾會發生一些吵吵鬧鬧的聲音，但是納管改造之後，兩個自治會都相安無事，加上生意也都回來了，大家都很開心。我對他們說，「你們想把生意做好，就必須要讓社區接納你們。如果你們不能和社區好好相處，居民天天到市政府抗議，我也不可能無條件保護你們。所以，你們一定要彼此監督，做到自律，才能與社區共存共榮，生意才能長長久久。」

我一再強調要面對問題，才能解決問題；從攤商的角度思考，站在維護他們利益的立場，就能獲得他們的認同。所以不用害怕抗爭，因為任何政策一定會有不同意見，關鍵就是積極勇敢的面對問題，解決問題。

我常告訴我的幕僚，一個官員合不合格？就看他做事的態度是積極，還是消極。高雄市城中城大火慘重傷亡的例子

市場是人民生活的一部分，而政治就要落實在人民生活的每一天。

裡，稽查人員只是消極的張貼了公告，如果能夠更積極地做些具體處置，我想結果就會完全不同。

對於違規攤商的髒亂無序、妨礙交通、影響市容，政務官當然可以繼續視而不見，但積極去做能讓臺北市更美好的事，豈不是更快樂。

我很開心「攤販精進計畫」成為一個讓交安、公安、食安、市容觀瞻、觀光旅遊多贏的方案。

市集攤販精進計畫實施到現在，北市府已經輔導很多夜市進行納管改造，像是艋舺商圈裡的艋舺夜市、華西街、梧州街、廣州街、西昌街，一整片夜市都已經納管改造了。另外，慈聖宮、南機場、水源市場、士林夜市、晴光市場、延三夜市也都完成納管。我認為與其視而不見，不如納入管理。只要政府認真納管，要求做到公安與消安等規範，絕對比幾十年來視而不見要好得多。

現在市府每年以5-10個市場的速度進行納管改造，由市場主動申請進入排序。不是由市府強制規定順序的原因在於，市場主動且有意願改造，效果絕對比被動來得好。雖然臺北市還有許多老舊的市場需要整理，但原則上先從有意願的市場開始做，畢竟納管之後，市場還是需要自我管理的。

因此，市府與攤商之間取得共識是很重要的，這樣才能最快看到成效，形成標竿效應，有利於後續其他市場納管改造。水源市場就是第一個標竿，他們意願最高、規模最小，

因此也最快完成改造。當別的市場看到成果之後，自然就迫不急待申請成為下一波改造納管的對象了。

只要有正道可走，沒有人會想走邪魔歪道。因此，身為父母官絕對有義務幫老百姓找出路。

2 公安稽查模式大翻新——
錢櫃大火深刻教訓
公共安全不能打折

　　我到北市府兩年多的時間，碰到多起公安意外事件，都會牽涉到市民的生命、財產安全。像是 2020 年 4 月 26 日發生在錢櫃 KTV 林森店的大火，這起公安意外造成超過十個家庭的破碎，讓我輾轉難眠無數個夜晚。一個人一時的自私或大意，就可能影響很多人的生命與安全，人民公僕豈可不慎乎！現行的各項管理監督制度，當然不可能百分之百完美，但政府必須要拚盡全力完善每一項檢查工作，務必不要產生任何的漏洞。

　　錢櫃 KTV 林森店大火，造成 6 人死亡，67 人受傷。事發當時，柯市長遠在屏東，緊急處置的重擔落在身為副市長的我身上，這是我擔任副市長以來最大的震撼教育！大火現場

真的非常可怕，看到驚慌失措的市民、看到這麼多寶貴的生命消失在眼前，當下的心情宛若直墜深淵谷底。

現場救災告一段落後，檢討前因後果，防止以後不要再發生類似不幸事件，就成了我的首要之務。

這場大火燒出嚴重的公安問題，也把官與民之間「上有政策，下有對策」的稽查模式，攤在陽光下。北市府過去的稽查模式確實有問題，包括檢查不夠落實、業者沒申請施工許可，也沒在第一時間注意到，如果去檢查的時候，同仁能夠更積極一點，也許就能免除這件憾事。

柯市長指定我來負責著手整頓臺北市公安稽查機制。到底為什麼歷年來多次稽查都查不出原因？我們先把可能的問題一條條列出來，這個過程就花了二個月。這是一個抽絲剝繭的過程，我當了20多年議員，大概知道哪些地方會出紕漏，所以我比他們更容易知道漏洞會在哪裡。

過去的公安稽查，往往都是流於形式，次數很多，但強度很弱；甚至很多業者長期違規，但每年都只是開張罰單了事，業者甚至都已經把罰單當成營業成本來看待了，導致公共危險始終存在。因此，我要求成立專案小組，將過去長期開罰單卻沒有改善的營業場所逐一清查，不允許長期用罰單換違規的情況持續存在，該拆就拆，無法改善就斷水斷電，強制停止使用，公共安全與人民的生命財產，永遠必須放在第一順位。

錢櫃大火後，市府修正了公安稽查作業模式，簡化繁雜程序與減少頻繁的稽查次數，並提升稽查強度與稽查層級。

公安稽查新模式

　　另外，以往為了防弊，所以非常重視事前保密，往往都是在公安稽查當天才抽出待檢業者，然後各單位浩浩蕩蕩前往檢查。因為時間很趕，所以不可能準備原始圖檔現場比對，因而造成檢查過程流於形式，看不出問題所在。

　　我向柯市長建議，公安稽查的目的是要業者注重公共安全，而不是為了抓違規開罰單，就像測速照相的目的也不是為了罰錢，而是為了交通安全。柯市長同意我的建議，於是我們開始改變稽查模式，不再當天抽名單，而是提前抽出要

稽查的業者名單。我們不怕業者事先知道要被稽查，只怕業者不改善可能會造成危安之處。因為我們只要準備充分、徹底檢查，根本不怕有人通風報信。

所謂準備充分，就是以前稽查處一天要去檢查很多業者，現在一天可能只檢查一、二間。我們會在去現場檢查之前，就將各種施工圖說、申請表件全部帶齊，依照檢查的項目表格，徹底按圖核實。以往因為準備不足，沒有攜帶原始圖檔，業者只要在裝潢施工上多下點功夫，就能將消防安全空間轉作營業空間，沒有原始核定的圖紙，從外表上根本看不出來，可以輕易瞞過稽查人員。

現在有了事前的充足準備，一切違規都將無所遁形。所有的安全設備和消防空間，都必須依規定使用，絕對不允許違規使用。在此同時，也杜絕了不肖業者企圖勾結官員的可能性，還有澄清吏治的功能。

令我感到欣慰的是，當這項新模式施行半年之後，有一家新開張的業者對我說：「現在不需要動腦筋去想如何多佔一些消防空間來轉作營業空間，好增加收入了，因為想多了也沒用；更重要的是，也不用再想，違規使用之後要如何巴結討好官員？如何遮掩各種違規使用的痕跡？日子輕鬆多了，內心也平靜多了。」

由此可見，只要規定清楚，目的明確，不只公務員和業者輕鬆，老百姓的安全也可以得到最大保障。

想要建立安全幸福的城市，需要做的事情很多，錢櫃大火之後，臺北市政府痛定思痛，做了幾項具體改變，也一併向大家報告：

1、**修正公安稽查作業模式**：簡化複雜程序與減少頻繁的稽查次數，提升稽查強度與稽查層級。雖然檢查的不合格率明顯提高，但是能真正找到問題，並予以改善。市府是找安全，不是找麻煩！很多業者很不習慣並有很多抱怨，但是站在維護市民安全的立場，市府不會讓步。

2、**清理常年違規案件**：有很多違規案，多年來一直被開罰單卻不見改善。於是我們改變處理流程與裁罰基準，只要違規處分3次以上未改善者，就斷水斷電，強制停止營業。原來有56件違規多年的案件，現在只剩幾件由市府協助改善中，其他違規者大多拆除改善完畢，或是已經停止使用。

3、**從「合格申報」改採「現況申報」**：名實相符的申報，才能真正看到營業場所的全貌。不合格的地方，我們啟動專案輔導或以替代方案，避免業者為了申報而作假。

4、**違規未立案採重罰，並勒令停用**：違規未立案經營的樣態很多，現行很多法規都有改善期，所以未立案的比立案處罰還要輕，我們修正相關作業方式，未立案經查獲即重罰，並勒令停止使用。

5、**商業登記預審制**：有很多業者在申請商業登記並大肆裝潢後，才發現土地使用分區或建築物用途，不能做相關行

業使用（因為商業登記不限地點），想營業就必須辦理建築物使用執照變更登記，又受制於房東，或因建築物老舊無法改善或加裝電梯，造成違規使用。臺北市政府率先讓業者可以提出預查，也就是事前由市府協助查詢是否可做相關營業項目，避免業者裝潢後不得已違規。這個制度上路後，至少可以確保新登記的業者清楚瞭解在臺北市經營商業的相關規範，或許登記時程較長，但更能保障市民權益。

珊珊
心裡話

面對問題，解決問題，絕不得過且過，更不能看到問題卻假裝看不見，這是身為公僕應該要有的覺悟。

3 面對問題，解決問題
高記、銀翼浴火重生

　　錢櫃KTV林森店大火之後，臺北市政府用心整頓公安稽查機制，對於長期違規，甚至將罰單當成營業成本，無心改善的業者，決心不再姑息，該拆就拆，無法改善就斷水斷電，強制停止使用。

　　經過逐一清查，查出20多家商家、業者，雖然他們違規的原因與項目各有不同，但同一項違規在接續被開了數張罰單後，卻還能繼續營業，這是對臺北市民生命財產安全的不負責。因此，北市府只能斷然處置，希望解決掉這些可能存在的公安地雷，以維護臺北市的公共安全。

　　北市府訂出新的裁罰基準，每一件違規案都先輔導他們申請合法，如果不願改善，第一次開罰使用人；第二次罰

使用人與所有權人；第三次罰使用人及所有權人，並斷水斷電。我們的目的不是開罰，而是希望業者能夠正視法令的存在，畢竟法令需要遵守，而不是參考用的。

就是因為這個原因，2020年8月，臺北市的兩家老字號餐廳「高記」和「銀翼」，幾乎同時宣布熄燈。消息一出，輿論譁然，不少人大喊「太驚訝了」！紛紛投書留言表達不捨，甚至還有人主張「不該讓名店消失」，抗議臺北市政府的聲浪四起。不過，大家不知道的是，市府在認真執法的過程中，同時也努力協助餐廳解決違規使用的問題，像是主動協助業者辦理變更使用、快速查核新店地址能否合法使用等等。畢竟市府的目的在於維護公共安全，而不是要扼殺老店。

高記遷新址，新店老味道

營業超過七十年，位於永康商圈的高記，當初核准的建物用途，一樓是店舖，二、三樓是住宅，在消防、逃生等安全上都未能符合法律規範，等於長期違規使用。因此，建管處多次開罰，但業者遲遲未能改善，最後只好要求高記必須在2020年8月底以前，回復原本的建物用途，否則將依建築法開罰30萬元，並斷水斷電。

高記其實並不是不想變更登記，但因為場地是租的，要變更必須取得房東同意，但房東因為希望都更，不願意提供

同意書，因此高記也莫可奈何。原本高老闆和高太太想就此退休了，所以傳出高記熄燈的消息。但是，高記歇業，員工就會失業，高太太顧念這些員工都是跟著高記2-30年的老員工，不捨得這些像家人一樣的員工中年失業，所以決定要和員工們一起重新打拚，並且是在符合安全規範的環境裡打拚。

高記在2020年9月歇業後，就認真尋找新的營業地點，市府方面也盡力協助店家克服各種程序問題，像是快速查核

2021年2月，高記換地點重新開張，老闆娘和我在門口開心合照。

建物是否能合法使用營業，辦理變更登記等等。終於在隔年（2021）農曆過年前，高記得以順利且安全的重新營業，讓舊雨新知都能嚐到老店的老滋味。

2021年2月8日，我又來到高記，但不是記憶中的「永康街高記」，而是在新生南路上重新開張的高記。這天是重新開幕之後的第一個營業日，老闆娘請我一起來「逗鬧熱」，我們開心的在大門口合照。大家心裡都很開心，因為新高記不但安全有保障，而且以後不會再被開罰單了。

銀翼原址新開，歡迎舊雨新知

位於金山南路的銀翼，同樣是因為違規使用而長期受罰。銀翼餐廳早在1980年就領有使用執照，土地使用分區為「商三特」，原本建物核准的用途是一樓店舖、二樓辦公室，但去過銀翼的客人都知道，一、二樓一直都是用餐區，根本不符合建築法規要求。

2019年，北市府執行公安聯合稽查時，發現銀翼將一、二樓皆改為餐廳，營業面積也超過300平方公尺，而業者也沒依法規申請變更使用執照，於是公安處便依建築法裁罰，連二年又再裁罰二次，並通知業者限期改善或補辦手續。銀翼的決定和高記不同，他們決定申請變更使用執照，並在原地重新改裝再開張。因此，他們在歇業時就向消費者預告，

會快速解決問題，重新再和大家見面。

對於知名老餐廳，市府一直保持高度的關注，而且銀翼的違規程度並不算大，於是市府主管科室和建築師溝通了許多次，最後終於協助銀翼順利完成變更。銀翼也在消費者千呼萬喚之下，加快腳步重新裝潢，將原本不合法的地方一次改善完成，在2020年底重新和客戶們見面。

符合公安規定，人人都有責任

可能很多人並不明白，為什麼從小吃到大的高記、銀翼，到了現在才冒出違規使用的問題，甚至嚴重到要被斷水斷電。事實上，因為臺北市不斷在進步，相關建築法規也會隨著時代的腳步進行修改，這是臺北市許多資深餐廳都會面臨的挑戰。對於違建，過去可能以罰款處理，但只要涉及公安問題，就必須嚴肅以對，不可輕忽。

過去許多業者對於公安法規的改變，都選擇以不變應萬變，不願意去改變，反正就是繳罰款嘛！把罰款當成一種規費的概念。一方面是因為他們不清楚各項變更的行政程序；另一方面，是一旦改變就會遇到這樣、那樣的問題。但是，我告訴他們，公安沒發生就沒事，但只要一發生，就是大事！甚至業者還會因此涉及公共安全的刑事責任。因此，改變其實對大家有利，比較不會有風險。而且，只要業者願意

變更以符合安全規定，市府就會給予程序上的協助，快速完成變更，就像協助高記一樣。

　　當初，高記已經確定要另覓場所，不在原地點繼續營業，於是向市府提出申請，寬限兩週時間讓餐廳好好結束。原則上，只要業者能證明並不會再繼續違規下去，只是收尾需要時間，市府當然可以通融。

　　在高記找新場所的過程中，為了避免業者再找到的地方，依然不符合營業使用規定，市府就主動表示可以幫忙預審，只要提交新店的地址與資料，市府有關單位就可以預先協助審核，這個地方可不可以做餐飲？有哪些需要事先注意的事項？這樣一方面可以節省業者的時間，另一方面也避免業者已經把餐廳裝潢好了，才發現仍然有違規使用的情況，再度造成困擾。

　　市府的主動協助，證明我們的目的，確實是要維護公共安全，而不是在找碴。而且這樣子的協助已經形成固定機制，只要業者提出相關需求申請，市府都會很樂意幫忙。

珊珊
心裡話

為了市民的安全，即使業者會反彈，市民有意見，我們還是要堅持去做對的事情。而且勇敢堅持的時候，一樣可以提供市民合理中道的協助，讓臺北市更安全，更幸福。

4 都更罩門在人心而非法令——
水源二、三期都更物語

　　位於臺北市中正區的「水源整建住宅」共分五期，是臺北市政府於1963~1970年代所興建，興建的主要目的是安置興辦水源、雙園堤防等公共工程的違章建築拆遷戶，其中最老的屋齡幾近60年，因此，急待都更整建。

　　水源整宅中的二、三期，因為產權複雜，且住戶多達460戶，意見整合困難，因此，儘管周邊的一、四、五期都已陸續改建成美輪美奐的高樓大廈，但水源二、三期卻一直延宕，讓超過50年的老舊公寓遲遲未能進行都更。

　　2006年宋楚瑜主席參選臺北市長的時候，我還陪他去過，當時對於老舊的水源屋舍印象深刻。沒想到16年後，我成為臺北市副市長了，他們卻還住在破破舊舊的屋舍裡，我

一直在想，到底發生了什麼問題？為什麼這麼老舊的建築卻遲遲無法進行都更？市府是否能夠介入，幫他們做些什麼呢？

不調查不知道，水源二、三期全區460戶，大部分住宅的結構、管線都已氧化，牆壁剝落、鋼筋外露，不只漏水，連糞管也氧化破損，上個廁所都得撐傘防護，主結構的牆上甚至還有拳頭大的裂縫，每次地震都是在賭命，讓居民住得膽顫心驚。

雖然問題嚴重，急待更新改建，但卻仍然有許多屋主對於都更抱有疑慮，遲遲無法達成法規要求的共識，大部分的居民心裡著急，卻也無可奈何。

水源住戶隋大哥就表示：他退休前服務的單位，位在臺北觀光勝地，也是兩岸關係融洽時，陸客必定到訪之處。他遇到的陸客多半只對臺灣人的友善點頭讚許，但卻對臺北市的市容不以為然，原因就在於老舊的屋舍太多，影響了整體市容。

他回憶柯文哲市長第一次到水源社區來瞭解都更狀況時說，「臺灣是民主國家，一切都必須遵照民主程序和法律規定走。」殊不知就是因為法律規定，必須要有超過九成的住戶同意，才能通過公辦都更案，因此導致都更案遙遙無期，前途茫茫。這些年，更新會理事長范秀華再三努力，同意戶數始終在79~81%之間徘徊，一直無法達標。都更案遲遲無法啟動，讓許多住戶心情沮喪。

「不違法，想辦法」，這個說來簡單，還真的需要有「智慧」

對於如何讓那消失的20%住戶同意都更案，我和都更處長陳信良以及市府相關同仁不斷開會討論，終於讓我們想到了幾個辦法，希望這些辦法至少可以多說服10%的住戶同意都更案。

第一個辦法是關於容積獎勵比例的部分。水源二、三期的容積獎勵比例，本來已從1.5提升到1.8了，但大部分的住戶並不滿意，希望能獎勵比例到2.0。我找到新的都更條例，10000平方公尺以上可以提高獎勵到100%，但市府必須要符合社會公益。也就是說，社區要回饋住宿型長照機構給市政府。

這個辦法對於居民來說很有說服力，因為獎勵比例2.0，等於每戶可以多出一個房間，讓人口多的家庭更好安排空間；而且許多人的年紀都大了，等到都更結束，大樓蓋好之後，也許大家都用得到這些機構，畢竟大家都會老。

第二個辦法是同意權的反向操作。法律規定要有90%的住戶同意才能進行都更案，那換個角度思考，只要住戶的不同意票低於10%，也具有同樣的法律效果。所以，我請他們針對尚未同意的20%住戶進行調查，請他們分別出具不同意書，並寫明不同意都更的理由。結果這個調查之後，只有不

到5%左右的住戶具體反對，其他的人則覺得「隨便、都可以」。所以，整個都更案就等於獲得95%住戶的同意，終於可以開始進行都更建設了。

2018~2022年，期盼多年的住戶終於盼來曙光，臺北市都更中心正式進駐社區，在市府、住戶努力奔走下，三年多來，歷經一千兩百多個日子，開了22場說明會，以及38場模擬選配說明會，終於跨過意願調查門檻，啟動公辦都更，住戶得以進行估價及完成選屋程序。

臺北市都更中心的水源二、三期駐站組長楊訓嘉很感概地對我說：「在這裡陪著這些長輩們，一路努力過來這麼多年，看著70多歲的叔叔和阿姨們辛苦地爬樓梯，挨家挨戶請大家簽同意書，現在終於看到更新的曙光，能給長輩們一個更舒適安穩的居住環境了。雖然很遺憾，有一位伯伯還沒有等到那一天就先離開了，但我相信他會在天上保祐我們，我會帶著這份承諾與責任，用我的眼睛，代替伯伯見證歷史性的一刻。」

都更案遲遲無法推動
不只是對大部分原來的住民不公平，
更是對全體臺北市民的不公平

現在臺北市的市容，除了東區和內湖南港部分新區外，

很多地區都面臨了必須都市更新的問題，特別是還有許多危險老舊建築的安全問題。這麼多年來，每任市長都想解決這個問題，但卻成效不彰。柯市長也努力祭出各種方案，就是希望能逐步改造臺北市容，將老舊危險的房子改建，讓臺北市美麗又安全。但問題在於：都更的罩門在人心，而非法令。

無論是危老還是都更，因為都是市民私人土地，政府只能用獎勵的方式來增加誘因，不能強迫他們參加。例如五層樓的舊公寓，一樓住戶有店面可出租，五樓可能有頂樓加蓋（違建），所以一、五樓通常最不願意參加都更，這樣反對者就占了五分之二，這就造成推動上很大的困難。目前除非是海砂屋之類被開危險紅單的建物，政府可以立即介入停止使用之外，一般危老和都更的推動就顯得特別辛苦。

因此，以前建商個別去和A戶、B戶溝通，但往往因為同意戶數不夠，最後都不能成局；反而部分住戶因為和建商簽約而被綁住。根據都市計劃的規定，住三要改建，其容積率只有225%，等於比未改建前的坪數少一半，也就是說，改建後的使用面積會少一半，這也大大降低了住戶的改建意願。因此，提高危老改建申請的容積獎勵，是非常重要的關鍵因素，至少要讓原住戶可以擁有多一點可用空間，可以省下不少興建成本。

對於爭取提高容積獎勵一事，我以前就曾努力過，我認為中央規定的獎勵天花板可以再增加一些，誘因大，住戶的

北市府成立都更中心推動都更，順利解決了水源二、三期延宕20年的問題，現在已選
配完成並送核定。

意願才會提高。但目前的獎勵優惠條件，對於推動都更還是困難重重。從中央到地方的都更條例規定都是如此，郝市長時代曾想用專案方式突破，但卻沒能成功。

簡單來說，市府現在面對危老都更案，能給的獎勵都盡量給，而且一切都公開透明化。以前每個申請案由審查委員來決定，現在北市府有一套公開且客觀的標準，所有人的獎勵都一樣，不會有人少一元，也不會有人多一元。但這樣一來，一樓和頂樓的意願就會降低，所以危老更新最難的就是個人利益問題，而不是法令或政府執行的問題。

有方案卻不申請
成功案例都是解決人的問題

臺北市一直以來對大樓外牆的拉皮工程補助很多，補助費用最高可達到九成，但還是很多老舊大樓不願意申請，因為舊有的違建和突出原有大樓的部分都要打掉，必須恢復最原始的狀態，而很多人不想自家空間被縮減，所以不願意申請。但市府也不可能容許違建繼續存在，畢竟市容改造有其規範與機制，只是市民想法不同，就會有不同的選擇。

內湖南港是我的議員選區，之前有二、三十棟順利都更的大樓，可是在文林苑的都更風波後，再加上臺北市的房價節節升高，很多屋主都要等高價才肯簽字同意，要推動危老

都更就更難了。很多都更案有一半住戶同意,一半不同意,雙方爭執不休;我總勸他們說,「你們是50多年的老鄰居了,卻為了不熟悉的建商傷了和氣,值得嗎?」

如果一棟大樓能協調到九成住戶願意都更,就讓政府接手公辦都更,這樣都更過程就會更透明。和其他縣市相比,臺北市的都市計畫規劃是較符合城市需要的,這牽涉的不只是都更,更是城市規劃的問題。有的地區都更之後,人口是原來的二倍,公共設施需求也會隨之增加。而且依照中央規範,危老更新後,不但可解決停車和結構老舊問題,建物退縮,巷弄會更寬敞,以及增加其他的公共空間。

關於都更,住戶在意與考量的點很多,像是換屋的大小、改建施工期間要住在哪裡等等,而這些都不是規範或法

斯文里三期是臺北市最成功的都更案例,市府公辦單位分回一百多戶社宅,可租給年輕人;公益回饋再利用,加上居民新宅,就是三贏。

令能解決的。因此，即使政府祭出了許多的獎勵與補助，進度卻還是牛步化，因為人的問題太難解了。

例如信維市場每戶只有6~8坪，現在住滿了人，居住環境不佳，這些人多半生活較困苦。如果有九成住戶同意，政府就可接手成為「公辦都更」案，市府給了很多誘因，都更中心每週派人去和他們說明，希望可以儘快公辦都更，但現在仍然需要繼續努力。

只要人的問題解決後，都能很快看見危老都更的實質成果。像水源二、三期，都更中心進駐，九成住戶同意後，現在已選配完成並送核定。這也是談了20年的都更案，終於看到曙光了！

臺北市最成功的都更案例，是剛完工落成的斯文里三期，市府公辦部分分回一百多戶社宅，可租給年輕人，公益

珊珊
心裡話

臺北市的市容老舊一直為人詬病，都市更新和老屋拉皮也一直是非常熱門的話題，但這些年來成功的都更案卻並不多，原因就在於觀念與人心，雖然時間拖久了，人心與觀念就不得不改變，但整個臺北市卻等不起，我們只能絞盡腦汁，想盡辦法用心用力的去做。

衷心期盼所有臺北市民一起來幫臺北市變得更漂亮，大家住得更安全。

回饋再利用；加上居民新宅，就是三贏。目前三期完成了，比三期更早的一、二期還在談，同樣的條件，仍有些住戶不同意，因此就一直停擺著。南機場也是二期快，一、三期慢，但我相信，只要斯文里三期都更完成，一、二期推動也會變快，因為只要看得到成果，大家就會相信北市府說到做到。

結 語

都市要進步，對於陳年問題就不能視而不見，一定要勇於面對，找到方法來解決，就像「攤販精進計畫」，市府對於長期存在的無照攤販市集進行納管，很多原本雜亂無章的夜市變得整齊清潔，同時改善了交通與公共安全。公館水源市場、民生西路45巷市場都是最佳實例。

當錢櫃大火燒出公安稽查問題後，市府也快速修正公安稽查作業模式、訂出SOP，而且堅定不移地去執行，因為市民安全與財產，永遠應該被擺在第一順位來思考。

同理耐煩
揚棄本位主義的
溝通程式

PART

4

做事情最怕本位主義思想作祟，這樣不但會喪失耐心傾聽的能力，更會產生先入為主的弊端。因此，幸福城市必須要有揚棄本位主義的能力，要能耐心傾聽少數聲音，要用同理心降低施政阻力，並以包容力來處理各種市政難題。只要能化阻力為助力，解決問題必能事半功倍，就能有更多的時間與力量，為市民創造更多幸福。

所謂家家有本難念的經，如果不考慮對方的難處，只堅持自己的主張，往往會進入死胡同而無法轉圜。如能用同理心思考對方的困難，並設身處地思考解決辦法，自然能夠降低阻力，達成一個大家都能接受的方案。

所以，我常常告訴自己，要站在市民的角度，站在第一線公務員的角度思考問題，用同理心降低施政阻力，並進而解決問題。

1 松榮公園環保變身——
社區營造創生新典範

　　美麗的公園是「城市之肺」，不但可以調節城市溫度，讓空氣變好；而且公園還能夠提供市民日常休憩與運動的場地，絕對是城市之寶。因此，只要政府有能力，就應該廣建公園，而且既然是在最好、最貴的土地上蓋，當然就一定要蓋一座最好的公園。

　　2021年12月5日松榮公園正式圓滿落成，這是市政府、里辦公室、附近居民，以及環保團體共同努力的成果。雖然規劃協調的過程跌宕起伏，多有波折，但最終都能化解意見衝突，克服重重難關，達成圓滿結局，也成功塑造都市公園兼顧多元意見、公民參與，進而活化使用的典範。

髒亂閒置荒地變身都市開心農場

松榮公園位在富錦街與民生東路五段27巷夾角處，也是大家公認居住環境清幽的民生社區，面積大約一公頃，最早是80多戶的空軍小眷村「慈恩四村」，2004年國防部將眷村住戶集體搬遷到三民路和健康路口的健安新城。居民雖然搬走了，房地卻一直閒置荒廢，滋生不少髒亂與社會問題，像是許多遊民會去煮飯、燒東西，引發不少火災事故，成為社區亂象。

如此情況持續了6年多，直到2010年，東榮里的鄭玉梅里長，在參加北市府舉辦的花博說明會時，聽到北市的窳陋建築可依法拆除，她腦中馬上想到這座荒廢舊眷村，於是，她向當時的市長郝龍斌陳情，希望北市府能促成荒廢舊眷村的拆除，同時配合花博美化成綠地。

但因為眷村土地屬於國防部管轄，而國防部始終不同意拆除這些廢棄眷舍；好在經過附近居民不斷陳情抗議，和多次召開協調會之後，國防部終於同意讓步，最後決定由北市政府出資一百萬元，拆除所有荒廢的眷村建物。

拆除這些舊建物後，土地該如何運用？又成為新的問題。因土地所有權人是國防部，雖然國防部同意北市府拆除建物，卻不同意有進一步的建設規劃。這時，原本家中務農的鄭里長想到可以向國防部申請土地使用，讓附近居民來這

裡種菜，打造一座城市裡的「開心農場」。

　　「開心農場」的計畫順利執行，帶給附近居民許多歡樂與收穫。但沒想到只開心四年，就開心不下去了。因為想要申請在這裡種菜的人愈來愈多，變成大家每年都必須到里辦公室公開抽籤；而且最初的申請資格限定為東榮里居民，後來其他里居民開始抗議，他們認為土地是公家的，為什麼只有東榮里的人才可以申請種菜？申請人愈多，爭議就愈多，大家就愈來愈不開心了。

開心農場變身成為
會呼吸的松榮公園

　　到了柯市長時期，副市長林欽榮提出「松南營區改造計畫」。將東榮里和精忠里原屬國防部的土地，全部都改為商業用地，再回饋四成土地給臺北市政府。整個計畫由北市都更處、都發局和兩個里的里民協調，召開過幾次協調會後拍板定案，市政府決定將這塊回饋的土地，規劃闢建為松榮公園。

位於富錦街與民生東路五段27巷夾角處的松榮公園，前身是小眷村，經過北市府、里辦公室、附近居民與環保團體的共同努力，在2021年12月變身為綠意盎然又兼顧環境保育的美麗公園。

看著從無到有的美麗公園，我相信臺北市一定也會一天比一天更美麗。

　　本來這塊地是國防部所有，要如何使用，只要國防部點頭就沒問題，但沒想到原本在「開心農場」種菜的居民卻拒絕土地被收回。雖然他們在種菜前都簽了契約，同意如果未來國防部要收回土地，會無條件配合。可是契約歸契約，他們還是持續不斷抗爭，甚至每天跑到市府公園處強調他們有種菜的權利。

　　整起抗議事件一直持續到所有蔬果採收後，公園處快刀斬亂麻迅速把地整好，然後貼出公告並派人巡視，只要有人再種菜就立刻拔除，才讓這場風波落幕。

　　問題回到公園要怎麼蓋？市府和當地的里長、里民開過

兩場說明會，也將里民的需求盡量放進公園方案裡，例如架設溜滑梯、公園休閒座椅等等。2020年5月6日公園處開始招標，並委由昱林設計的黃俊杰設計師，依照鄰里公園的角度和意見，開始進行公園規劃與設計。

在公園進入規劃設計階段後，引起附近居民宋先生的注意，他認為公園設計的施工方式，不但牽涉環保理念推廣，更對環境生態有直接影響。他主張不該挖掉臺北市難得的綠地，而建成水泥鋪面的公園，這樣不但花錢又會破壞環境，更無助解決熱島效應產生的暑熱問題。

宋先生主張應優先將未來的周邊都市空間發展，納入公園案的整體規劃中，同時要以此來定位公園的屬性，延伸「民生綠生活」概念，成為都市跳島空間，並做全齡的空間規劃。因為宋先生的主張和原本設計的概念不同，而且是在協調會商議後才提出的方案，正常情況下，是不能以此案來推翻原本的共識案。

2020年6月左右，宋先生開始在網路上串聯居民連署，以「水泥零成長、綠地零損失」為目標，希望政府可以收回成命，不要貿然興建一座一般的公園，希望能把環保理念放進我們生活的周遭。

松榮公園原本的規劃案是經過市政府、里辦公室和學者專家以及建築師充分討論，並召開協調會後才產生出來的方案。在這個過程中，里長和熱心居民們都付出了非常大的努

力，這些努力不該被輕易抹煞。同時根據正常的行政流程，研考會在規劃成案前，會安排公民參與的程序。這案子的相關程序都已完成，並進入發包施工階段，就不會再接受民眾陳情。因此雙方開始產生激烈衝突，演變成里長們原先提出的規劃與環保學者們的觀念直接對撞。

宋先生非常注重環保理念，他很希望這樣的理念能落實在松榮公園，因此，他和一群志同道合的朋友，包括文化大學的郭瓊瑩教授及賀陳旦教授等，他們把希望放在我身上，希望我能夠幫忙協調此案。對此，我當然義不容辭，但我之前並沒有見過他們，沒想到第一次見面的過程就非常戲劇化。

初次見面就被罵，最後竟成好朋友

記得那天是 2020 年 5 月 28 日，宋先生和幾位學者專家，第一次到我的辦公室來討論，大家說起話來都是義憤填膺，我也覺得環境是大家的，這些問題都可以再討論。

我對言之成理的意見都願意傾聽，對於環保也絕對百分之百支持，特別是地方建設，我絕對尊重當地住民的意見。因此，我願意當宋先生他們和公園處、里辦公室以及居民間的橋樑，積極的參與協調，並決定由公園處協助推動工作坊討論協調，讓更多當地、專業的聲音進到市府，像是邱威傑、吳沛憶等議員也都有參與討論的過程。

但因公務預算執行有其時間上的壓力，所有更動的行政流程必須壓縮在一個月完成。這期間我親自參與超過四場協調會，與學者專家、鄭玉梅里長、居民代表等，大家一起耐心進行充分的溝通。

　　其間，宋先生不只陳述他們的理念，也帶來先進環保的概念，還願意出錢出力積極投入，看到他們認真製作精美的簡報，向居民們巡迴解說這些方案，還邀請附近居民提供意

松榮公園改造的過程中，我擔任當地居民、學者、公園處、里辦公室的溝通橋樑，積極參與協調，讓事情圓滿完成。

見共同參與改造，希望達成一個大家都能接受的方案。就這樣，在大家努力參與討論下，最後提出的方案讓兩邊皆大歡喜，甚至為了地方發展能夠達成共識，還激動地相擁而泣，現場氣氛相當讓人感動。

2020年9月10日松榮公園完成協調後，提出重新調整的規劃案，它的設計非常先進並兼顧環保。首先，有80%以上的綠地空間，除了保留原有植栽外，也種植許多臺灣原生種喬木、栽植開花灌木，增加公園的四季變化；其次，公園還可提供795立方米的貯集滯洪總量，減低外部公共排水系統負擔，降低附近淹水的機會。

第三、公園環境的設計採用全齡使用概念，因此全區都有無障礙動線，充分體貼所有居民的需要；第四、公園地下設置了145立方米的「雨撲滿」，這種生態工法在臺北市的公園裡比較少見。從地面上完全看不出玄機，但只要一下雨，這些雨水就會被儲存起來，可以用來澆花、灌溉、洗手與清潔，夏天也有降溫的功能，對於環境的永續發展有非常正面的意義。

松榮公園改造案原本不是我負責的業務範圍，但我認為做事情不該有本位主義，這樣不但會喪失耐心傾聽的能力，更會產生先入為主的觀念；既然事情有了衝突，大家就坐下來好好談，設法取得一個最大公約數，這也是松榮公園爭議能夠圓滿解決的關鍵。

歷經松榮公園案的經驗後，我特別請研考會針對重大工

程修改公民參與制度，並慎重提出「綠資源盤點」的政策方向，主要以氣候變遷、環境永續為主軸，提出樹木修剪辦法以及如何擴張綠資源等等。

一個先進又美麗的公園，對環境可產生很多正面的影響，也可增進市民的生活品質。從零到有的過程中，不但要感謝這些關心環保和生活品質的學者專家們，也要感謝勞苦功高的里長。我其實只是耐心聽取大家的意見，然後認真溝通協調，努力讓事情更圓滿，結果讓臺北市多了一座環保先進的美麗公園，也讓我收穫滿滿的友情，真的很開心。

在公園興建協調會時，聲音很大的宋先生，在最終方案確定後，竟然送我一盆花，上面題字「柔情溫暖，智慧包容，十分給力，加倍奉還」，讓我非常感動。現在他不但成為我的朋友，更號召朋友們一塊參與讓臺北更進步的各項建設，讓這些學有專精的市民，投入心力參與北市的發展規劃，這真是臺北市的福氣。目前他們也在參與淡水捷運高架下的綠帶規劃，同樣要把先進的理念帶入臺北人的日常生活中。我相信有了他們專業的貢獻，臺北一定可以愈來愈好。

因為松榮公園，鄭里長也成了我的好朋友。我很喜歡去她們那裡感受媽媽的味道，一起吃披薩、聊工作，還有家庭甘苦談。偶爾我們也會一起動手做客家美食，像米苔目、炒絲瓜、炒香菇、炒肉絲、鹹湯圓等。這些歡樂時光都是我工作之外的最大收穫。

松榮公園的完成，不但讓臺北市多了一座美麗又環保的公園，也讓我收穫滿滿的友情，實在讓人開心。
與鄭玉梅里長（中）合影於松榮公園。

　　我還記得鄭里長第一次和我見面時，她對我說，「雖然我們不曾見過面，但是我們選妳選很久了！」原來她和她先生的老家在南港，他們都是我的資深選民。緣分是不是真的很奇妙啊！

　　松榮公園的落成並不容易，先是在規劃過程中，經過多方人士對公園使用型態的期望不同，進行了非常深入且長

期的溝通與討論，最後才凝聚出共識。之後又因為疫情的關係，施工作業困難重重，幸好後來一一克服、如期完工。讓東榮里的居民和臺北市民多了一個環境友善的永續公園。

我很感謝東榮里的鄭玉梅里長，她對於里內的建設總是盡心盡力；也感謝許多老師在松榮公園形塑的過程中，提供不少寶貴的意見，讓我們重新思考不同型態公園的定位。

松榮公園的故事告訴我們，要有同理心，才能靜下心來傾聽，也才能從完全對立的意見中，找出雙方都能夠接受的最佳解決方案。因為有了包容力，不但能夠解決社區發展的對立問題，更能開發潛藏在民間社會的力量，讓大家更有熱情的參與臺北市的發展與進步，為臺北市的未來奉獻一份心力。

最後，要告訴大家一個松榮公園的好消息。松榮公園社區營造歷程參加「2021年第9屆臺灣景觀大獎」大賽，榮獲社區營造創生類佳作獎，這是屬於所有參與者的榮耀。

珊珊心裡話

- 不管衝突、爭執多麼激烈的雙方，如果兩造都沒有私心，都是為了社會公義，那麼只要能夠創造出一個機會，讓大家坐下來談一談，就一定可以達成共識，皆大歡喜。
- 讓反對意見成為體制的助力，城市發展才能更進步，城市生活才能更幸福。

2 保進幼兒園的故事——
當公眾利益與私人利益不能兩全，只能尋求平衡並降低傷害

　　內湖樂活公園每年櫻花季都會吸引大批遊客，開車的遊客常擠爆附近道路與空地，產生不少混亂與衝突，因此，市府決定擴建公園，同時加蓋地下停車場。這項工程必須徵收私人土地，原本在這裡的保進幼兒園也將被徵收拆除。2020 年，我接到保進幼兒園老師和李明賢議員的陳情，親自到幼兒園和老師及家長代表討論。樂活公園徵收案是地方共識，也是市府既定政策，勢必無法更動，但對於幼兒園的遷移後續安排，市府承諾會盡力協助處理。

　　我和幼兒園的老師及家長討論後，立即做了兩件事：第一、請教育局協助保進幼兒園去投標潭美國小的公辦民營幼

兒園，除了提醒他們不要錯過招標時間，也請退休教職員盡量協助投標事宜；第二、在五分里社宅中增設幼兒設施，以補充因為保進幼兒園拆除，當地只剩下東湖路停管處改建大樓內才有幼兒園設施的問題，希望能解決東湖地區托幼設施不足的狀況。

對於保進幼兒園的搬遷結果不如人意，我也深感遺憾。在公眾利益與個人利益間，只能盡量找到平衡，不以私人利益影響公眾利益。

遺憾的是，潭美國小公辦民營幼兒園在2020年底招標結束，保進幼兒園卻未能得標。所以，保進幼兒園在樂活公園土地徵收前就必須搬遷，安置幼兒與老師成了首要工作。同一時間，五分里社宅已確定可以增加幼兒設施，成功疏緩東湖地區幼托設施不足的壓力。接下來教育局就開始針對幼兒家長與老師，展開意願調查並媒合老師轉業，絕不讓任何一位孩子受到影響。這些原本在保進幼兒園任職的老師們，過去的教學表現都很優秀，最後教育局成功協助他們一一轉介到其他幼兒園任職。

　　保進幼兒園的辦學口碑非常好，深受家長信任，每年招生都吸引家長們大排長龍登記，園內老師也很優秀，在東湖是模範幼兒園。當決定擴建公園徵收土地前，市府相關單位都盡力協助，但可惜他們仍沒能標到潭美幼兒園，這對各方面來說都是遺憾。因為政府資源不可能直接指定給特定人士，必須依規定公開評選招標，招標之前，我衷心期盼保進幼兒園能順利得標，如果他們能夠標到，對各方而言，都是十全十美的結局。

　　很可惜保進幼稚園的招標結果不如人意，但整起事件可以證明，臺北市政府依法行政的立場，即使是市長或副市長，都不能也不會干預招標與評選。樂活公園是政府花費十幾億徵收，並通過議會預算審議，也是地方重要的公共建設，在公眾利益與私人利益之間，只能盡量尋找到平衡點，

不以私人利益影響公眾利益，這是我們必須說明及堅持的原則。

保進幼兒園被徵收固然很讓人不捨，但為了更美好的臺北市，不得不委屈他們，我們能做的事，就是要把公共建設做得更好，讓他們的犧牲付出，變得更有意義，這是身為公務人員必須做到的承諾。

3 兆亨官司的教訓——
掌握權力不代表可以隨心所欲

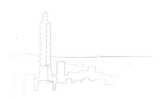

　　位在故宮旁邊的兆亨加油站訴訟案，是前市長郝龍斌時代至今的老案子，業者和市府纏訟長達14年之久，市府在訴訟過程中節節敗退，一直到柯市長時代依舊是個難解的習題。兆亨訴訟案的過程曲折痛苦，證明即使掌握公權力的政府，也必須要信守合約，不能蠻幹，否則就會陷入進退維谷的窘境。

　　兆亨案讓市府訴訟頻頻敗北，過程痛苦又難堪的原因，就是權力的傲慢。當初兆亨公司是依法向市府提出申請興建加油站，也是在郝市長任內核准通過。但到了開始著手興建時，卻遭到故宮與附近居民，還有民代的強烈反彈，他們反對在國寶級的故宮旁興建加油站。郝市府迫於各方面的壓

力，竟然直接撤銷兆亨的建造執照，並將土地變更為公園用地。

兆亨依法提出申請並獲得核准的案子，卻被逕行撤銷執照，當然不會服氣，因此向市府提出訴訟並且求償；整起案件就這樣來來回回打了 10 多年的官司，一直都無法結束。讓柯市長上任後也非常頭痛，沒有人知道市府究竟還要花多少錢和人力在這上面？更令人質疑的是，市府真的打得贏這起官司嗎？

當初兆亨蓋到一半的加油站，因為撤照早已變成廢墟，兆亨提告並向市府求償三千萬，加上 10 多年來的利息要一、二千萬，將近五千萬的賠償案要如何落幕收場？實在是一件令人頭痛的事情。而且，變更為公園用地的處分也被撤銷，法院判決必須回復加油站用地。

因為法律是我的專長，進入市府工作後，柯市長問我對兆亨案的看法。我翻閱所有文件徹底瞭解情況後，很清楚這件案子市府不會贏，因為沒有正當理由就撤銷兆亨的執照，市府在法律上完全站不住腳，因此在連輸幾次官司之後，就應該朝向和解方式，來尋求兆亨和北市府都能接受的方案。

接手兆亨案的處理小組後，我提出由市府向業者支付三千多萬元賠償費，但不要計算利息（一千多萬），然後依法恢復加油站執照，這個案子全部回到原點。

兆亨案讓大家深切體認到，政府絕對不可以為所欲為，

任何案子核定之前，都應該調查清楚，一旦核定就不能出爾反爾，任意侵害人民的權益，否則不但傷害市府的公信力，也直接傷害市民的權益。當然，市府的作為是有延續性的。三千多萬元的賠償費，不可能向當時的市長和市府相關人追討，繼任的市府只能務實處理，降低全體市民的損失。柯市長和我都把這個案子當成歷史共業，因為官司再打下去，除了賠償費超過三千多萬元外，還有利息以及律師費，根本就是無底洞！

　　看清現實，面對問題，並解決問題才是正辦，拖延絕對不是最好的方式。

珊珊
心裡話

公務員如果只是待在冷氣房裡蓋章做決策，不能走進現場傾聽民意，就很容易做出錯誤的決策，讓市民權益遭受重大損失。所以，我喜歡走進現場，用第一手的訊息來做決策。

4 來吧！塗鴉與街舞——
讓年輕人的熱情自由揮灑

　　在牆面上塗塗畫畫，不見得就是破壞，只要用正確的心態看待，用心規劃，塗鴉也可以變彩繪。

　　很多人小時候都喜歡在牆上、地上塗抹兩下，有的家長嚴厲呵斥，甚至處罰，有的家長則和小朋友一起創作，培養出一個未來的藝術家。

　　我看過一則新聞報導，小孩在客廳大肆破壞後，媽媽用愛心和耐心陪著小孩一起清理，並把部分塗鴉加以美化後予以保留，之後媽媽將過程上傳社群媒體，引起了廣泛的討論。這則新聞給我很大的啟發。

　　我因為有個兒子，所以瞭解年輕人的喜好。他們喜歡新的東西，像是街舞、塗鴉。我兒子從國、高中時期就很喜歡

跳街舞，雖然他沒特別去學，但是每天在家裡都會跳，還拉著我一起跳。他畫畫也不錯，我也鼓勵他去塗塗抹抹，盡量給孩子最大的空間。

2021年5月疫情高峰過後，為了振興萬華地區的產業，市府在萬華區啟動「東三水街市場塗鴉彩繪藝術」活動，連接起一個個店家的鐵門、總長386公尺，以巨型藝術作品的方式呈現，讓整條街變得很有特色美。「現在東三水街市場的塗鴉很漂亮，跟之前的黑黑暗暗差很多，以後會常常來。」這

萬華疫情嚴峻時，一群年輕人和當地里長、自治會以及攤商合作，透過「彩繪塗鴉」為東三水街市場注入新氣象。
我也來到現場獻出我的塗鴉處女秀。

是現在東三水街市場附近居民的說法。

　　東三水街市場的塗鴉藝術，正是基於提供年輕人藝術創作並發揮創意的舞台，同時，也希望藉著年輕人的創意，提振當地的經濟活力。在萬華疫情嚴峻的時候，東三水街市場其實受創也頗為嚴重，因為新聞報導指出的「三水街阿公店」，其實是西三水街，離東三水街市場還有一段距離，但因為都叫三水街，導致東三水街市場兩個多月幾乎都沒有外來客人。

　　為此，一群年輕人發起守護萬華運動，他們不但自願組成「萬華隊」，持續外送餐食給不便出門的獨居老人，也和當地里長、自治會合作，一起和市場的攤販們溝通協商，要用「彩繪塗鴉」的方式，為在地的東三水街市場注入新氣象。

　　過去說到塗鴉，很多人可能會聯想到出現在河堤牆上、或是廢棄房屋邊的突兀景象。不過，在CityMarx的藝術家及文化局的協助下，包含來自西班牙、荷蘭、香港和臺灣在地的藝術家，選在疫情降為二級的2021年7月27日開始進場創作，經過約兩個月的時間，他們用創意和巧思給萬華帶來了許多正向力量。

　　在這場彩繪塗鴉的活動中，我也到場獻出了塗鴉處女秀。這群年輕藝術家的優秀創作令人大開眼界，和4、5月疫情剛爆發時的萬華街道相比，當時的冷清與蕭穆，和現在有這些熱血青年願意為這片深愛土地站出來創作的情景，大相徑庭。大

家一定無法想像，昔日陳舊的東三水街市場，竟搖身一變成為兼具臺灣傳統文化與街頭塗鴉時尚的流行藝術園地。

市場的攤商們都非常配合，把自己家的鐵捲門貢獻出來，讓 CityMarx 的藝術家們透過塗鴉，實現他們對臺灣的想法；同時把生活空間藝術化、公共藝術生活化，讓東三水街成為一個有特色的市場。經過四個月一步一腳印，這些轉變所有人都看在眼裡，他們讓東三水街市場以嶄新的樣貌再出發，讓我非常感動。

這群來自世界各地的年輕創作者，將塗鴉藝術融合了臺灣傳統文化，把市場點綴的五彩繽紛，證明了塗鴉不只是一種次文化，更是可以美化市容的流行藝術。另外，我們也討論到，既然創作者畫出漂亮的畫作，夜晚時或許也可利用燈光來襯托市場的美。我非常期待，未來不管是白天或是夜晚，融合塗鴉藝術的東三水街市場都能有讓人驚艷的面貌。

我很想為這群用心的藝術家多做些事，得知他們一直想要有較大的空間進行創作，就請市府協助他們找場地，並提前「預定」這些藝青會的年輕朋友們，希望他們可以到臺北市各地的市場，繼續揮灑他們的創意，讓臺北市的市容變得更多元、更現代。

投入這場街頭創作的藝青會，其前身為「臺北市多元藝術空間青少年發展促進會」，主要是由一群熱愛街舞、塗鴉、滑板、饒舌樂等街頭文化的年輕人所組成，成員集結國

內知名頂尖的街舞師、塗鴉師、樂手、滑板選手、裝置藝術家等。他們為了擴大推廣街頭文化，2021年底跨出北市，結合各縣市塗鴉團體、街舞協會、原民藝術團隊、身障棒球聯盟、刺青藝術團隊等共16個街頭文化協會和公司。並在2022年初升級為「臺灣多元藝術空間青年發展聯合會」，會員平均年齡約30歲上下，在全國各地推動街頭文化。他們正在努力將東三水街塗鴉藝術的故事，持續到全國各地美麗演出中。

除了塗鴉，我還想特別提一下街舞。

疫情之後，有許多年輕人為了振興萬華經濟，集思廣益地奉獻自己的才能。令我印象深刻的，像是鐵四帝文化藝術創意團隊，他們在剝皮寮歷史街區進行「虎爺將首街舞祈福秀」活動，努力的幫忙萬華，希望儘早恢復萬華的活力。他們堅持使用「臺灣本土主題與音樂」編創街舞作品。力圖研發屬於「臺灣人的新舞步（臺灣嘻哈）」。這種不忘自身文化使命感，極力推廣臺灣文化的精神，非常值得大家肯定。

除了「臺灣嘻哈」街舞之外，臺北市這幾年也很努力地推廣街舞文化，認真提供年輕人練習街舞的場地。像是龍山地下街就有一個很棒的街舞基地，華陰街商圈和五分埔商圈也都會持續舉辦大規模的街舞大賽，臺北捷運公司每一年也都會舉辦「捷運盃街舞大賽」，不但提供年輕人表演的舞台，也是屬於年輕人的嘉年華。

我很欽佩這些年輕人的熱情與活力，因此，只要時間許

可，我幾乎每場街舞活動都會參加。我也時常在想，為了讓臺北市的街舞運動更上層樓，是不是可以把這幾個大賽聯合起來，讓規模更大、參與人數更多，技術水準更高，大家共同努力去爭取臺北市最大的榮耀。

2024年的奧運會，新增了「霹靂舞」這個新項目，我相信臺北年輕人對於街舞的熱誠與實力，我也對他們非常有信心，我相信臺灣的年輕人，一定可以在兩年後的奧運舞台上，勇奪霹靂舞奧運冠軍獎牌。

珊珊
心裡話

觀念改變，世界就會跟著改變，
塗鴉可以改變市容，豐富人生，
街舞可以釋放熱情，交流人生，
只要敞開心胸，臺北就可以呈現另一種美麗。

5 活動！要活就要動——
老人不只需要長照
也該有專屬健身房

　　長照對於各國政府而言，都是沉重但重要的課題，畢竟高齡化社會已經是不可擋的趨勢了，如何讓市民活得老也要活得好，變得愈來愈重要。近年來臺灣吹起運動風，年輕人和中年人運動的比例愈來愈高，但老年人不好意思去年輕人居多的健身房，因為有一點害羞，也擔心被鄙視。我常常在想，難道老人家真的只能在公園裡走走嗎？答案當然不是。於是，臺北市也想為老人家打造專屬健身房。

　　從我生病痊癒後，就深深感受到運動的重要性，因此，我認為長照除了基本設施外，觀念也很重要，環境與心靈都兼顧了，才能讓老人家真正開心，同時也讓負責照顧的子女，不要有太沉重的負擔，否則很容易演變成社會新聞中出

現的長照悲歌，看了真令人心酸。

　　臺灣高齡人口急遽攀升，2022年65歲以上人口占北市超過20%，已達「超高齡社會」門檻。為了讓長者們活得久又活得健康，北市府整合衛生局、社會局、教育局、體育局及臺北市立大學，成立「臺北高齡健康前瞻中心」，位置設在臺北市立大學天母校區，2020年已經正式啟用，希望做為長輩們運動的培訓基地。

　　提到長照的悲劇故事，很多時候是因為不懂得使用各種社會資源。像我朋友的爸爸已中風10年，因為照顧的外勞跑掉了，新的外勞還要幾個月才能進來，他就只好自己接手照顧。這位朋友原本自己經營事業，為了照顧中風的爸爸，幾乎把所有工作都放下了。他已經50幾歲了，每天要揹著他爸爸去復健，老人家的體重也不輕，所以一陣子之後，他自己也受傷了。

　　我朋友打電話跟我說起這事，我表示可以介紹他爸爸到安養機構。他說不忍心，也怕被人家說不孝順。

　　後來我還是幫他爸爸找到養護機構。他和我說，這十年來，原本他爸爸吃飯都要他餵，但到了安養機構之後，老人家居然會自己吃飯，因為他在家裡不能動，只好使喚兒子，但到了老人養護機構，有專業的照顧員，他們會和他聊天，常有人會說：「爺爺你好棒喔」、「爺爺你自己吃飯喔」，老人家才兩天就能自己吃飯了，同時也學習的很開心。

這個長照故事是我親身經歷的。老人養護中心或長照機構都是專業機構，有他們專業照護的方法，即使是只有40多公斤的工作人員，都能背得動朋友體重不輕的爸爸，還會幫他爸爸做復健。他們因為懂得方法，有專業訓練就可以做的好，所以真的不用任何事都自己扛，也不用覺得這樣才是孝順。

長期照護需要喘息
打破迷思善用社會資源

從我朋友的例子就可看得出來，大家容易有同樣的迷思，就是長照要自己來最好，但都不懂得方法，有外勞幫忙還好，沒有外勞就是夫妻倆都放下工作來照顧老人家。其實要能善用社會資源，才能事半而功倍。想想，如果為了照顧長輩，然後連自己都受傷了，豈不是得不償失。

以其他先進國家的情況來看，應該儘量減少老人家的臥床時間。臺灣目前老人家的平均臥床時間大概在7年左右，實在是太長了。現在政府推動老人長照，就是因為他失能了，所以需要照顧他，但我認為更應該做的，是讓他健康的時間更長一點。我認為把長照的錢用來多做一點維持健康的事，尤其是在他健康的時候，讓他更加強壯，讓他不會跌倒，因為跌倒才會臥床，一旦臥床可能就要用到長照。

北市府目前在 12 個行政區試辦「臺北高齡健康前瞻中心」，由有證照的年輕教練來教老人家運動，希望讓長者長壽又健康。

　　俗話說：活動！活動！要活就要動。為了要增長老人家的健康時間，就要讓老人家多運動，以前就是去公園或廣場跳跳舞，但現在臺北市正在做的是設立「高齡健康前瞻中心」，請年輕的教練教老人家訓練核心肌群，老人家的核心肌群訓練好了，就比較不容易跌倒，不容易跌倒就不會臥床。我認為這樣做要比以後花大錢搞長照，更有前瞻性。

　　臺北市的高齡健康前瞻中心，目前也在各行政區設立據

點，中心訓練年輕人考證照，像體適能證照、教練證照等。他們有了證照再去教老人家運動。先用政府的力量讓他們在社區裡教課，老人家一開始可以免費上課，讓他們學會怎麼運動，以及如何避免受傷。

等基礎課程上完後，如果老人家還想繼續上課，臺北市也會開放敬老卡的點數，用來支付教練的費用。這樣不但可讓老人家運動，最重要的是年輕人也可以得到一份好工作，從事新產業——高齡銀髮族運動產業，這樣就可以雙贏。

臺北市之所以推動老人家運動產業，因為銀髮族不好意

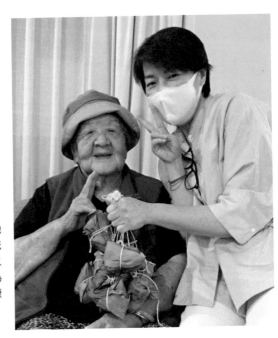

我媽媽已經93歲了，她現在和我大哥一起住在老人公寓，她很開朗，所以她生活得很開心。我認為老人家快樂就是一劑健康良帖。

思去時下新興的健身房，老人跑不快，也沒辦法和年輕人搶設備。但如果老人運動社區化，讓年輕的教練教高齡者做運動，他們就可以到社區教長者，將來可以變成一個有經濟規模的產業。經濟條件好一點的高齡者，可以幾個人合請一個教練，回家再繼續練，形成一個「Business Model」，青銀不只共居，青銀還要互相照顧。

三明治世代的現代人，沒時間照顧爸媽，如果有人教他們運動，身體就會變健康，然後又跟年輕人在一起，老化的程度就會減緩，將來在社區形成一個微型健身房。讓年輕人有工作，長輩也更健康。

除了運動外，我認為讓老人家快樂也是一劑健康良帖，像我媽媽93歲了，她以前出過車禍，行動不太方便，所以現在不太出門。但她是個開朗的老人，除了有輕微心臟病、高血壓外，她很健康，在家裡她還是自己煮飯，常常會煮一鍋蹄膀給自己吃。

珊珊心裡話

任何政策都不可能讓所有人滿意，但至少要有同理心，能夠換位思考，耐心聽取不同的聲音，也許就能求同存異，找到更接近完美的答案。

我媽媽和我大哥現在住在老人公寓，大哥也65歲了，他們是老老照顧，我媽媽個性很開朗，永遠都可以聽得到她的笑聲，所以她住的那個老人公寓，每個人都很喜歡她。

　　長照的故事幾乎家家都會遇到，我們要做的是，讓長輩健康、慢老。

結語：

　　我們常說施政要接地氣，意思就是要貼近民意，真正照顧到民眾的需求。而市政也是如此，就是要以民為本、廣納市民的意見，像是松榮公園改造案、保進幼兒園的拆除與投標，都是耐心傾聽民眾需求，努力協調溝通，然後找出一個平衡點圓滿解決問題。

　　另外，透過年輕人「彩繪塗鴉」的方式，為萬華東三水街市場注入新的氣象；「高齡健康前瞻中心」打造屬於老人的健身房，不但讓老人家更健康，也能形成銀髮族運動產業，這些都是揚棄本位主義，換個角度思考之後，所激盪出創新的市政建設思維。

宏觀願景
堅持**多元融合**的發展程式

　　城市未來的發展，要靠宏觀的眼光與擘劃的能力。

　　下一代未來的前景，則必須在多元融合的環境裡，才能成長茁壯。

　　前瞻，不該只是嘴巴說說，而是要用恢宏的視野，擘劃發展藍圖，然後用強大的執行力，讓草案變成現實。

　　這其中的關鍵，就是要有足夠的高度，找到真正的專家，給予足夠的信任，才能讓臺北市逐漸走向偉大城市之列。臺北或任何城市都不該再成為選票考量下的犧牲品，我們要還給城市應有的進步和榮耀。

　　信任專家、前瞻規劃、有效執行。這才是執政的高度，也是我加入北市執政團隊的基本認知。

1 社子島與
關渡平原的未來——

城市治理新願景
臺北進步新氣象

社子島空拍圖。

我曾經在2020、2021年來到社子島富洲社區，參加當地的生活藝術節「作伙來摸飛」。這個活動是為了凝聚社區的情感，讓不同世代的社子島居民，透過活動來建立對話的平台，並藉由藝術創作，展現在地精神和對土地的情懷。這個活動讓我有很深的感觸，我認為身為臺北市政府的一員，無論政局將來如何發展，都應該要讓社子島的居民們有個安心、溫暖的家，希望讓這片土地上的人民能夠安居樂業、平平安安，這是我衷心的願望。

其實不止社子島，還有北投士林區爭議數十年的關渡與洲美平原的城市開發規畫案，過去歷任市長不是不想做，只是很難做到，但柯市長卻做到了！因為柯市長願意一一去跟民眾溝通。而我擔任副市長後，柯市長也讓我成立專案小組，推動改造社子島、關渡平原、碼頭及輔導農業升級。我的態度就是面對問題、解決問題。所以我擔任副市長兩年多來，一直努力尋求最佳的方案，希望找出能兼顧城市發展與環境保護，並妥善照顧市民權益的三贏方案。

這裡曾經是治洪犧牲品，現在成為水上運動的聖地……

2021年我和幾位市府同仁到社子島的追星碼頭，參加臺灣盃國際滑水賽。我看到社子島和關渡平原中間有一條筆直水道，快艇引導選手在水面上飆速翻滾，當下真的有點驚訝，我當了這麼多年的市議員，竟不知臺北市還有這麼棒的國際級滑水場地，而且這麼專業有趣的競技運動已經舉辦第六年了。

近年因為疫情關係，國際滑水選手無法來臺灣參加賽事，但臺灣還是有很多滑水選手和會員熱情參與，當天讓我最感動的畫面，就是在水岸旁的帳篷裡，竟同時有三、四百位專業攝影師，一個個架起相機專注地拍照、攝影，大家頂著烈日忍受

酷熱，只為了捕捉滑水選手們跳躍時的精采時刻。

我常應當地里長之邀，到關渡平原和社子島，一起討論這裡的發展情況。我很詫異的是，20年前我當議員時，內湖和南港科技園區也是雜草叢生，逐步經由區段徵收等都市規劃政策，才發展到現在大家看到的面貌。一樣的臺北市，社子島和其他行政區的發展腳步，為什麼像是兩個世界？這想法在我心中一直盤旋著。

城市區域發展至少要花10-20年以上，若政府多年來不作為，當然就會影響城市均衡發展和進步。像我們擁有可舉辦國際滑水賽的場域，但卻沒有盡心管理維護和升級規劃，更不用說推廣優質運動。臺北市有很多事情該想、很多事情要做，這些事不該也不能再拖延，像社子島要不要開發？這個

▍社子島的追星碼頭已連續六年舉辦臺灣盃國際滑水賽。

問題想不到竟然可以拖這麼久。

簡單來說，就是有民眾不同意開發，原因是拆遷補償與配售專案住宅問題，有的人不想改變現狀，有些人則希望快一點開發，現住民的意見並不一致。但從長遠來看，這就是城市長遠發展的計畫項目，公共政策不可能完美，卻要能顧及大多數市民權益及公共利益，我們必須要以至少20年後的眼光來看現在，才知道今天應該要做什麼決定，才是對城市發展最有利的作為。短視近利或遷就現況，都只能算是不及格、不負責的政府。

因為地理位置是北市邊陲地帶，社子島長期以來一直像個孤島，歷任臺北市長都不想碰觸這個敏感的地區。而柯市

社子島是歷任臺北市長都不願碰觸的敏感地區，但是柯市長卻勇敢啟動社子島都市變更計劃。
2022年底將是社子島的關鍵時刻。

長這五年來想法一直很堅定，就是要啟動社子島都市計畫變更和區段徵收。

像社子島這樣的都市變更計劃，最大困難之處，就是開發必須要投入的金額非常巨大，區段徵收是對開發新區比較合理有效的方式，像內湖科技園區與南港經貿園區的區域開發，就是最明顯的案例。社子島如果一直在財源和民眾意見不一的情況下來回打轉，就永遠難以進步，甚至想要有完整規劃都很困難。

社子島規劃必須結合民意
環境永續和居住正義才能雙贏

爭議數十年的社子島開發案，無論民間和政府都希望讓社子島的發展有共識，同時也能符合城市規劃願景，不怕大家意見不同，只怕無法耐心溝通，且於公於私都要有所考量。

就在地民意方面來看，必須要弭合在地因開發案意見不同，長期對立撕裂的情感，必須要凝聚在地最大共識，才能減低開發過程疼痛感。對市政而言，創造出的價值要能符合生態永續願景的同時，也要能落實居住正義。

社子島開發案的複雜問題，最主要是開發案涉及多元利害關係人，且觸及的議題既深且廣，所以當政府和民眾溝通的過程中，也應針對當地不同歷史背景和不同居民屬性，採

取不同的溝通方式與管道。如果未來規劃無法滿足所有利害關係人的意見，但至少政府都要盡到最大的努力，傾聽居民真正需求是什麼？讓他們最不能接受的又是什麼？

政府需和各方不同利害關係的對象充分溝通，彼此的資訊量才能平等；政府要幫助居民充分理解社子島的發展前、後所有相關議題，並和多方充分對話，瞭解各方想法和利益關係，才能找出最大的共識點。

社會溝通不可能一步到位，社子島歷經多方溝通，包括相關領域的學者專家、市府公參委員、相關局處，以及市長室的顧問等多方共同參與，大家秉持彈性開放討論的態度與立場，就社子島開發案涉及議題面向，先深入一一探討、意

我們今天應該要做什麼決定，必須要以至少20年後的眼光來看現在。

社子島開發重要進度整理

2015年
1月：市長會議檢討社子島開發計畫
4月：市長會議提出社子島三個替選方案

2016年
2月：i-Voting選出生態社子島
10月：都市計畫案報內政部

2017年
2月：決議進入二階環評

2018年
6月：內政部都委會通過社子島開發主要計畫

2019年
6月：社子島等相關防洪計畫經濟部呈報行政院
12月：行政院核定防洪計劃
12月底：都市計畫細部計畫送都委會審議

2020年
4月：都市計畫細部計畫通過
6月：社子島擬辦區段徵收開發範圍及抵價地比例，
　　　報請內政部審議
7月中-8月中：地上物查估作業說明會

2022年
1月：社子島二階段環評通過
預計12月區段徵收公告
預計2023年執行區段徵收、拆遷及動工

見交流，目的就是希望能兼顧在地聲音與市政價值的理念下，達成最大共識，達到改善市民生活空間最大的成效。

因此，在地的聲音對社子島的開發案非常重要，市府請公參會協助前往在地對話的團隊，建立多方溝通的平台，並創造多方對話，匯流各種聲音與想法。

從2021年4月開始，市府團隊針對生態社子島方案和外部的主要意見，進行整合可行性的諮詢討論，大家都希望改善方案能同時兼顧市政理念和專業以及在地的聲音，所以也規劃辦理在地工作坊，確認各大議題的行動方案以及可能的改善方向，能否在各方達成共識？並針對市政規劃進行溝通與對話。

從歷年來社子島開發案的過程中，即可看出只有柯市長努力推動，而且相關期程就算受到疫情影響仍未中斷，從地方上舉辦i-Voting，到向中央提出都市計畫，再接著環評，每一關都很不容易，市府從2021年7月派專屬單位進駐溝通，充分瞭解和協調各方不同立場。2022年底是社子島關鍵年，如能順利推動，即可在各方認同下正式動工。

雖然各方有不同看法，或許市府曾有溝通問題，但在一步步協調下已逐步向前進。柯市長曾說，社子島後續規劃案需要一段時間，在土木工程期間，要如何降低對大家原有生活的影響，是一個重要的課題。

社子島是有歷史的地方，市府與專業學術團隊合作，保

存及活化文化資產，並確保現住戶在社子島原有祭祀與家族
文化，不會因開發案而消失。

　　社子島開發是臺北市必須面對，也不能再逃避或拖延的
重大市政議題，臺北要進步，這裡也是關鍵因素之一，2022
年底到2023年初，就可以看見我們對社子島開發和臺北進步
的決心和毅力。

關渡平原開發，必須確保居民權益

　　社子島和關渡平原，這兩個地區有類似的命運，地方限
建長達50年之久，不同的是，社子島在柯市長任內，提出區

段徵收計畫，而關渡平原仍在等待中央政府的國土計劃，未來不知何去何從？不過，臺北市會努力在城市發展與環境保護之間取得平衡，同時兼顧居民的權益。

關渡平原是臺北市未來的畫布，現在正在進行國土功能分區的公告，到2025年才會定案。關渡平原是臺北市最完整的一塊綠地，裡面有兩個公園預定地，一個是運動公園、一個是景觀公園，這兩個公園不太可能改變，現在的問題是怎麼徵收回來？讓裡面的住戶能夠安身立命，無論將來是用容積移轉還是徵收等任何方式來取回用地，安頓居民一定是優先考量，因為有很多世居在裡面的市民，所以不是政府想怎樣就怎樣，而是要想辦法解決他們的居住問題。

以前大安森林公園要開闢，就必須先找地方蓋國宅，再將居民移置安頓好，才能開始蓋公園。不是政府要你搬，你就要被掃地出門，即使政府要徵收公園，也要準備好未來的安置及整體計劃，不是一句話說「這裡要變成公園」就可以改變的。

關渡平原區的範圍，包括關渡農業區和洲美農業區，面積共有478公頃，佔臺北市農耕土地總面積達14.8%，共有420位農民，佔農會會員總數5.8%，產值4688萬元，佔臺北市農業總產值7.8%。

其次，在臺北市裡，那麼平坦的一塊綠地已經不多了，所以怎麼讓它可以跟環境相容，又不至於過度開發，還要兼

如何取得城市發展與環境保護的平衡，以及兼顧市民權益，這些難題刻不容緩，因此我也多次參與會議討論及現地視察。

顧到當地居民的權益，畢竟他們被禁建了那麼多年。

我覺得市政府對不起關渡平原和社子島這兩個地方，因為沒有執行都市計畫。關渡平原的都市計畫就是公園，但政府又沒有錢徵收，就一直擺著，明明已經被規劃做公園，規劃了數十年，但都沒有錢徵收。前市長馬英九及郝龍斌都對關渡平原做過計畫，但都沒有做成。

為什麼前朝政府沒能做成？因為不接地氣，他們就是規劃了一個紙上計畫案，但都沒有提出具體作法和市民溝通。社子島為什麼會成功？就是因為一一去跟市民溝通，大部分的人都滿意了，事情才能做得成。畢竟當地居民已經在這裡住了十幾年，我們必須尊重他們。也就是我一直說的，面對問題，才能解決問題，而不是規劃一個做不到的事。

關渡平原和社子島都是臺北市的瑰寶，政府不能擺爛，讓市民自生自滅，「從現在開始做，永遠不嫌晚」。

珊珊
心裡話

一呼百諾，萬民響應。這在民主社會幾乎是不可能出現的事。因此，任何大的計畫，如何耐心協調，一一溝通，就是考驗首長能力的關鍵。

不願意和民眾溝通的首長，一定不會是一個好首長。

關渡平原有超過百年的稻田種植歷史，擁有豐富的稻田生態景色。2021年北市產發局在此辦活動，我真心希望這裡能在有計畫性的規劃發展下，成為臺北市農業新典範。

2 首都進化雙軸線——
城市周圍平衡發展
都市核心均富共榮

　　臺北在歷史上的發展，最早可溯至三百年前，先民從艋舺、大稻埕一帶開墾起始，至1884年臺北府城建城，1920年臺北設市，一路從清代的移民聚落、日治時期的殖民城市階段，逐步走到今日的國際都會。每一個階段的發展，皆有其時代的意義與象徵城市進化的里程碑。而我從臺北市民、臺北市議員，一直到臺北市副市長的長期觀察，我認為臺北都市發展的下一個階段，應該要以雙軸線為規劃，進而開啟臺北首都大進化的嶄新篇章。

　　柯文哲市長八年市政所立下的里程碑，就是臺北發展的東西軸線翻轉。而下一階段臺北的都市發展，在既有的東西橫向基礎上，我們會延伸聚焦在南北軸線的城市再造工程。

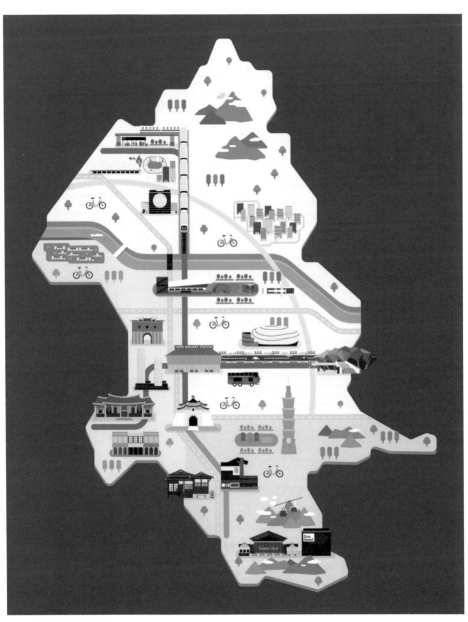

南北縱軸示意圖。

往北，我們已經完成了「心中山線形公園」，重新改造臺北車站至民權西路站之間的綠廊帶與人行空間。

未來，我們還會從圓山站開始，善用捷運站體及軌道下方空間，以TOD（大眾運輸導向發展策略）思維，引進商家與遊憩空間，讓淡水線下方的空間升級為「光鏈大道」，一路延伸至關渡平原。透過申辦2038年亞運會，建立臺北「亞運主題公園」，與士林、北投科技園區相互輝映；南邊則從城南大公館地區升級開始，延伸至木柵動物園及貓空的「南方公園」計畫。

橫縱雙軸線交會點的核心區域，我們準備進行「大圓山升級計畫」，整合圓山原有的花博公園場館及周邊綠地與設施，逐步建構兼具運動休憩、歷史文化、人文藝術、生態景觀、以及產業服務五大功能的「首都中央公園」。

首都進化雙軸線，連結東西區門戶計畫，與南北向區域發展進行十字交會，再透過環狀線捷運的串連，結合以TOD（大眾運輸導向發展策略）、EOD（教育及市有房地整合運用導向之都市發展策略）為導向的都市更新計畫，將會是臺北市下個階段的重要蛻變關鍵，為下個世代打造一個更自在、更宜居的城市空間。

簡而言之，「**連接東西門戶**」、「**再造南北縱軸**」、「**落成首都中央公園**」，就是我的未來政策三大願景。我的幾個具體規劃包括：

西區門戶計畫2.0—
加速整建，華麗蛻變

西區門戶計畫讓臺北西區重生，未來也會將範圍擴及淡水河岸邊的大同及萬華區，讓過去曾經繁華亮眼的艋舺和大稻埕、大龍峒地區，以更新的面貌展現老臺北的韌性與活力。

萬華在此次新冠肺炎疫情中深受影響，面對疫後新階段，我們以「點亮艋舺」為目標。初期透過攤販精進計畫，讓流動攤販品質提升，重新引進人流，洗刷過去被特定人士

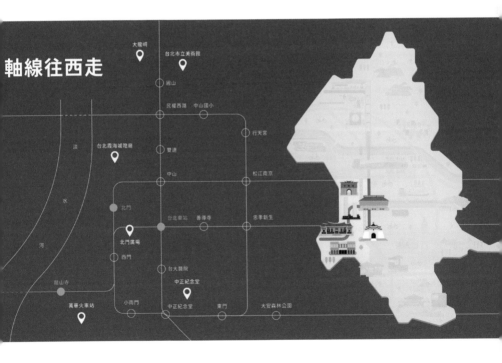

污名化的負面標籤。

　　未來，捷運萬大線將成為串連中正萬華的重要線路，我們將以萬大線為引擎，公辦都更為手段，促使長期推動不力的南機場整宅地區建構新面貌，並興辦社會住宅，提供都更居民中繼居住。另一方面，在完成環南市場改建後，我們會加速第一果菜市場及漁市場改建，長年環境惡劣的家禽市場，也將會是下一階段的改建重心，引進全新管理思維，乾濕分離，提升市場環境品質。

　　至於大同再生計畫，自2015年即已展開，以11大構想與28項子計畫打造大同區都市再生，至今年執行率已達90%。以三市街等舊城區歷史紋理為核心，振興地方傳統產業、引入青創氛圍、串聯淡水河岸景觀廊道，並透過公辦都更、社宅及社福設施興建，強化老舊社區地方機能，為大同再起積累豐厚的文化能量。

東區門戶計畫2.0──
厚植產業量能，提升全球競爭力

　　西區門戶計畫讓臺北西區一帶重現生機，北市府也同步開啟了東區門戶計畫，以南港為新都心，藉由捷運、高鐵系統延伸，透過公私協力，朝向「軟體、會展、交通、新創、生技」等五大中心產業發展，讓南港擺脫黑鄉汙名。

軸線往東走

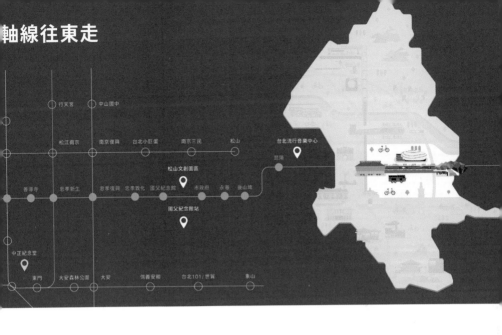

　　在臺北流行音樂中心、國家會展中心、南港機廠社會住宅等基礎建設紛紛啟動、落成後，東區門戶計畫下一階段的重點建設，將聚焦在孕育生物科技、提升產業規模為優先，成為生技產業發展的重要戰略地區。結合中研院主導「國家生技研究園區」及臺北市的「生技產業聚落發展計畫」，南港將成為臺灣生技產業的重要門戶

 城北光鏈大道——
動線串接點線面，區段活化光彩現

　　從臺北車站往北走，我們已完成心中山線形公園，讓捷運中山站至雙連站沿線路段以全新風貌重新活絡。而今年6

月完成民族西路至圓山段的圓山站線形公園，則更進一步以都市景觀綠廊帶的形式來規劃，展開線形公園2.0的捷運綠廊串接整合計畫。

捷運淡水線的規劃，至今已近30年，當年直接由臺鐵北淡線既有鐵道轉型，並未引進TOD（大眾運輸導向發展策略）思維，導致捷運車站毫無機能，與周邊商圈、店家、住宅區欠缺連結；同時，步行與單車通行道在中山北路圓山段也面臨斷點，無法往北銜接到馬路另一端的劍潭站。

北市府未來將收回劍潭青年活動中心，規劃做為社會福利或教育研究機構的預定地。而隨著劍潭活動中心的收回，下一階段的區域規劃重點，將會是在現有綠廊帶的基礎上，打通圓山站與劍潭站之間的「瓶頸」，從圓山站往北，高架捷運沿線將改造為臺北的綠廊帶，並以捷運站為中心做為地區改造及產業發展的火車頭，活化場站周邊空間，規劃商家入駐，形成如日本JR車站及鐵道周圍常見的商店美食街，重塑捷運站及鄰近地區的機能，有效提升區域經濟發展。

關渡亞運主題園區 ——
提升能量放眼國際，迎接2038臺北亞運

臺北市自2009年「臺北聽奧」及2017年成功舉辦「臺北世大運」後，大幅提高國際能見度，並展現臺北市籌辦國際綜

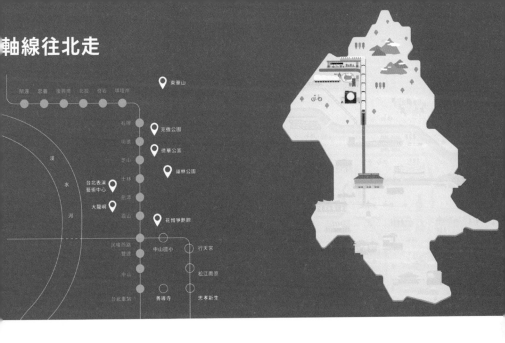

軸線往北走

關渡　忠義　復興崗　北投　奇岩　唭哩岸

東華山

石牌

克強公園

明德

逸仙公園

唭里

迎林公園

台北表演藝術中心

士林

劍潭

大龍峒

圓山

花博爭艷館

民權西路
雙連

中山國小　行天宮

中山　松江南京

台北車站　善導寺　忠孝新生

2038台北亞運
關渡運動主題園區

關渡運動園區

交通區位
捷運淡水信義線

帶動城市發展

永續區位
關渡平原
市民農園計畫區

運動生活圈

社子島水上運動中心

運動醫療區位
北投溫泉醫療

科技區位
北投士林科技園區

北市科運動基地

合性運動賽會的能力。2020年再度取得國際綜合性運動賽會主辦權，並與新北市政府共同主辦2025雙北世界壯年運動會。

　　臺灣走進世界，讓世界看見臺灣，展現臺灣軟硬實力與凝聚國家意識，一向是舉辦國際運動賽會的重大意義，未來臺北市將在成功舉辦2017臺北世大運到2025雙北世界壯年運動會的基礎上，持續申辦國際大型綜合性運動賽會定為政策方向，並以賽事場地場館規劃做為城市發展的改造契機。我

們已在2022年7月正式向中央及中華奧會表態申辦2038亞運意願，並由相關局處展開後續規劃。

城南大公館計畫——
文史藝術重鎮×區域交通樞紐

串通南北的首都進化雙軸線，北有光鏈大道與關渡運動

▌寶藏巖全景。

園區的規劃，南邊則接續柯文哲市長所打造的城南無圍牆博物館，將古亭、公館一帶進化升級為「城南大公館計畫」。

目前城南無圍牆博物館所呈現的意象，是集合日式宿舍群、大學城、獨立書店、水圳巷弄、產業聚落及文人故事交織出獨特的城南文化。區域範圍涵蓋北側5棟日式宿舍群、南昌公園、牯嶺街；南側為蟾蜍山煥民新村、溫羅汀人文街區，並結合鄰近新店溪沿岸一帶的寶藏巖、自來水博物園區、嘉禾新村、客家文化主題公園至紀州庵文學森林。記錄著這座城市重要的眷村文化、移民聚落、自然生態景觀、水道文化、文學底蘊等人文內涵。

文化藝術重鎮與區域交通樞紐，就是未來城南大公館地區的雙重定位。

南方公園計畫——
人文薈萃，山水永續，打造臺北南境的世外桃源

首都進化的南向縱軸，經大公館地區後，往南延伸至大文山地區，我們將結合文山森林公園、動物園、貓空，重新打造一個提供適合老少親子全年齡層休憩娛樂、多功能呈現不同風情的「南方公園」。

位於文山區捷運萬隆站附近的文山森林公園，可視為南方公園的前院。歷時7年建造於今年正式啟用，佔地面積11

公頃，藉由總長1.5公里的森林步道串聯景美運動公園、福興公園，融合森林步道、觀景平台以及共融式遊具，並且結合生態檢核機制，盡可能保持原本動植物的生長環境。

　而規劃中的「南方公園」，範圍則往南涵蓋景美溪河岸、木柵動物園園區，以及臺北盆地邊緣山區的貓空。我們將重新打造這個山水勝地成為觀光休憩、生態保育與產業經濟的綜合園區，同時貓空纜車具有綠運輸性質，南方公園也將做為臺北市推動永續發展與低碳運輸的示範園區。

▍圓山站線形公園概念圖。

南方公園的發展核心，將會是動物園旁 Zoo Mall 原址的 BOT 基地，目前已開始招標，將以 Zoo Park 為主題建構新的商業據點，以觀光旅館做為發展重心，白天是適合全家大小出遊的遊憩勝地，夜晚則結合貓空夜景、在地音樂元素，並研擬進一步開放「夜間動物園」與延長貓空纜車的營運時間，讓南方公園從早到晚，24 小時都有不同的樂趣。

大圓山升級計畫 ── 建構首都中央公園

首都進化雙軸線的交會軸心，將會是目前的圓山花博園區。未來將會推動「大圓山升級計畫」做為首都進化的最大亮點，連結花博公園、美術館、圓山遺址、大佳河濱公園，構建全新的「首都中央公園」。

圓山花博公園在歷史上一直是臺北市的重要核心地帶，1897 年日治時期即開園的圓山公園，是臺灣的第一座公園，也是臺北市首座大型都會公園。臺北市於 2010 年舉辦國際花卉博覽會時，圓山公園被劃入花博會場，而中山足球場在 2007 年被徵收並翻修為花博的展館之一，成為博覽會中展示各國美麗鮮花作品的「爭艷館」。

大圓山升級計畫，是以圓山花博公園為主體構建「首都中央公園」，目的就是把現有個別零散的場館與鄰近的景點設施做統合規劃，以期有效運用與分配資源，提高區域整體

的使用效益。未來「首都中央公園」將兼具歷史文化、人文藝術、運動休憩、生態永續與產業服務五大功能，讓市民有更優質充實的生活享受。

此外，花博公園中由中山足球場轉型的爭豔館，在南港國際會議中心完成，會展基金會遷出後，我們將規劃重新整建，期望打造一座具有會展、新創、博物館功能的指標性建物——「臺北未來館」，因此北市府將邀請國內外設計團隊競圖。場館內預計設置一座紀錄臺北過去、連結現在與未來的「臺北城市博物館」，取代現有市府內部規模格局偏小的臺北

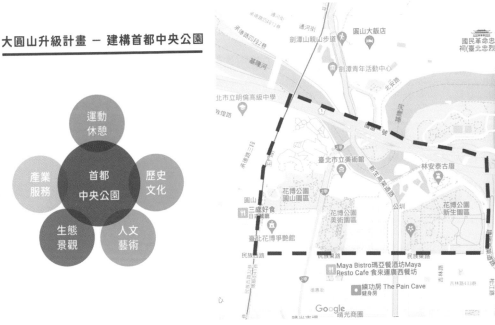

大圓山升級計畫 — 建構首都中央公園

▍大圓山升級計畫——建構首都中央公園

探索館。「臺北未來館」也將繼承花博爭艷館的現有功能，提供全新的產業會展中心與更完善的新創基地，象徵臺北產業創新與未來的起始點。

「首都中央公園」的另一亮點，則為「北美館二期」工程，預計2027年完工，按照目前的規劃，將於目前的美術館園區擴建全臺灣第一座「地下美術館」，並結合公園景觀，當民眾漫遊公園時，可隨時搭乘就近的電梯，垂直移動至地下展演空間，讓人們可以更輕鬆自然地接觸藝術。

未來這座「首都中央公園」，將成為首都進化雙軸線交會的重心，整合現有的圓山公園、新生公園等場地與場館，並融入圓山遺址、臺北未來館與美術館園區等鄰近景點設施，並以綠能、環保、科技、循環等概念進行統整規劃，成為「永續臺北」的下一個重要指標。

珊珊心裡話

所謂的願景，不應該是憑空想像而來。應該是對城市具有充分的瞭解，能把城市現有的優點充分發揮，再用前瞻的眼光，規劃出城市未來的圖像。憑空想像的，永遠只會是海市蜃樓，陽光一照，就會消失了。

3 城市治理要升級
人文關懷不能少

青銀共居，世代融合的住房策略

「青銀共居」是我目前正在規劃的政策，也是我想對臺北市開出一張肯定兌現的本票，而不是空頭支票。現在還只是試辦階段，但未來一定會朝這個方向走。因為無論如何我們都必須研究出可行的辦法，來解決少子化和高齡城市的問題。

青銀共居對我來說，不只是「青」和「銀」而已，臺北市現在面臨的問題是少子化跟高齡化，其實最辛苦的是中間的三明治世代，上有爸媽、下有小孩。而且，如果我們不能給年輕人一個可期待的未來，他們就不會想要生養下一代，更不會想要留在臺北市；所以反過來說，就是如何讓年輕

人願意留在臺北，願意在臺北生養下一代？如何讓他們住得起，也願意在臺北和父母一起照顧下一代，這是我們現在必須思考的嚴肅課題。

因為房價居高不下的關係，臺北市首先推出居住正義1.0，也就是蓋公宅；然後是居住正義2.0，也就是租金補貼，這是根據收入來決定補貼金額。

未來我們要做的是居住正義3.0。很多老人家爬不動樓梯，也租不到房子，這是目前社會的普遍現象。即使有錢，也租不到房子，所以只能繼續住在老公寓。

我認為將來臺北市蓋的公宅，一部分要給老人家住。因為這些租不到有電梯的房子，但又爬不動樓梯的老人家，才是政府真正應該要照顧的族群。這是一個構想，現在臺北市也蓋不了這麼多的公宅，因為土地很貴，政府也找不到更多的土地來蓋公宅。

但現在，有一些年輕團隊，提出非常好的包租代管大樓構想，而且已經有些成功的個案出現了。這兩年很多旅館受到COVID-19疫情的影響，幾乎都沒有生意，於是他們租下旅館整棟翻新。他們本來想便宜租給年輕人，但後來發現出發點錯了，他們發現年輕人可以輕易租得到房子，但老人家卻租不到房子，所以他們決定將整棟48個房間開放給全齡者，誰都可以來租。果然很多附近公寓的老人家都來向他們租這裡的房子。為什麼？因為他們真的爬不動樓梯了，其中

最高齡的是86歲，也有60、70多歲的老人家。

　　這些老人家其實都有自己的房子或公寓，只是因為爬不動樓梯了，所以老人家往往也會把自己的房子再交給團隊包租代管；也就是，你來租我的旅館，你的房子交給我，我幫你整理成可以出租的房子，再用社會住宅的方式租給年輕人，老人家不必賣房子，還可以等待加入都更，分回新房子。

　　更重要的是，旅館裡還有Service（服務），會有一群年輕人在旅館裡協助老人、協助社區。老人家其實真的是寶，像有位老人家原本是鋼琴老師，但她快失智了，年輕團隊就在

▌明倫社宅結合環保的太陽能板與立體綠化。

旅館大廳放了一架鋼琴，小朋友下課後會來找老人家，她就教小朋友彈鋼琴，老人和小孩都開心得不得了，這就是「青銀共居」啊！

那棟旅館有20、30歲的人，也有70、80歲的老人家，因為有供餐，大家可以一起用餐，長輩不會寂寞，可以受到照顧，又有人陪伴。像有一位退休老師的興趣是泡咖啡，他每天就泡咖啡給大家喝，那裡的咖啡廳根本不用再找工讀生了。

不論是鋼琴老師或其他退休的老師並不需要錢，能有這樣的空間，他們就很開心。這裡不但可以讓老人家重新找回自我價值，也讓附近的小朋友下課有地方玩。這些老人家的家人其實都住在附近而已，那位鋼琴老師的女兒就住旁邊，她的女兒很孝順，並非故意把媽媽丟到旅館來，她白天都會來旅館陪媽媽，晚上再回家，這樣各自都有空間，長輩也能有自己的生活圈。

因為這個模式很成功，所以後來我又幫忙介紹了幾間旅館，讓這些團隊也去試試。我覺得如果這個模式順利成功的話，市政府未來可以考慮修法減免稅金或提供補貼。這樣有望在短期內就可以提供大量居住單位給年輕人，畢竟要等蓋公宅緩不濟急，這就是一種居住正義3.0的概念。

其實，年輕人最憂慮的是，即使他住在社會住宅，未來還是要不斷換房子，因此常常會憂慮買得起房子嗎？我們這一代（40至50歲中年人）當年努力就買得起房子，但現在房

價飆高，很多年輕人買不起臺北市的房子，在臺北成家立業的夢想常常變得很虛幻。所以北市府正在構想一種新型態的社會住宅，比如說如果社會住宅數量充足的時候，可以讓優質青創戶繼續居住，但必須對社宅有貢獻，這樣就可以考慮「未來宅」，讓年輕人可以以租代購，在一定年限後取得房屋的地上權，可以住更久。但如果要出售，只能賣回給政府，以合理的價位計算價金。

與國際交流，向世界學習
增加臺北城市競爭力

我當議員的時候，常常有機會去拜訪臺北市的姐妹市，像南非、歐洲、日本、美國等，也參加過美國國會的青年領袖營。我進到北市府後也開始進行國際交流的工作，雖然這兩年因為新冠疫情無法出國，但仍然可以透過視訊參與世界各地的會議與活動。

「智慧城市展」是我參加最多次的城市交流活動，2022年是在3月22~25日舉行，這次總共有一百多個國家的市長參加，大家透過視訊會議熱情交流。活動期間，我用英文發表了好幾場演說，介紹臺北市的智慧城市現況與發展，並參加了首長高峰會。

我認為智慧城市展是最強的城市外交。捷克布拉格市長賀

吉普（Zdeněk Hřib）就曾於2020年來臺，並與柯市長會面。去年6月，臺灣疫情嚴重卻因為政治因素無法取得疫苗時，賀吉普就在推特上發布影片，除了以捷克的防疫經驗鼓勵臺灣民眾外，並主動向捷克政府提醒，希望給予臺灣實質援助。

當然，臺北市在疫情期間，也充分發揮姐妹市的互助情誼，送了很多口罩給姐妹市，像是舊金山，我們就送了十萬個口罩。

除了舉行智慧城市展外，臺北市也常跟美國商會、歐洲商會交流，協助他們解決在臺的困難，像是外商在臺北市如何打疫苗之類的問題。另外，臺北市已成為國際投資的首選，我和柯市長都會固定去做企業探訪，也很重視他們在臺遇到的問題。我們今年3月拜訪了Microsoft（微軟）及Google（谷歌），他們都表示要在臺北增加他們的辦公空間。我好奇問他們為何需要那麼大的空間？他們給的答案：一是業務量增大；二是臺灣的人才很多。由此可見，臺灣人才濟濟，連國際企業集團都肯定。

外商來臺北投資，市府有專門協助的投資服務辦公室，像日商唐吉訶德（DON DON DONKI）來臺展店，北市府提供全程協助，給予單一窗口，也就是一條龍服務。北市府人員從他們找房子開始，就一直協助解決所有問題。過去外商來臺通常先找律師事務所協助，現在直接找臺北市政府就可以了。因為市府知道那些大樓是誰的，可以很快找到負責

人，協助外商去洽談。同時，也熟悉哪些區域適合做什麼？還有像是辦公室設在哪裡比較方便等等，我們的經驗豐富，已經幫助好幾家企業成功在臺發展了。

我覺得臺北市對外商的服務雖然做得不錯，但臺北市要走得出去，要和國際級城市競爭，應該要以新加坡為標竿。目前，臺北市是智慧城市排名全球第4。所謂「智慧城市」是用科技的方法來解決城市治理的問題，像是我們會設計智慧號誌，以前需要等90秒的紅綠燈，現在只要根據車流就可變換號誌。用聰明的科技解決掉很多城市治理的問題。

北市府年年舉辦智慧城市展，邀請世界100多個城市的市長來訪，是最成功的城市外交。

族群融合，超越政黨
追求社會公平正義

雙重標準是公平正義最大的敵人，現階段的臺灣最容易產生雙重標準的就是：凡事只問顏色。彷彿政治顏色對了，錯的也可以變對的。這就像以前中國大陸人民常說的：「有關係就沒關係，沒關係就有關係了！」這絕對不是一個正常城市該發生的事情，我們必須從上到下摒棄雙標與特權。

跨入政壇20多年以來，我發現只要最高的價值觀相同，即使意識形態不同，也不必然就要鬥到你死我活。現在社會上有些政治人物鬥爭大於做事的心態，並不值得大家學習。我從臺北市議員到擔任臺北市副市長，我的信念一直不曾改變，只問是非、不看顏色，公平、公正、公開的處理所有人和事，所以我才能同時擁有很多不同政黨的朋友。

舉例來說，我讀臺大法律系時，有兩個跟我一樣是轉系過來的同學，其中吳宜臻是從政治系轉來法律系，吳志揚是從機械系轉到法律系，而我則是從大氣系轉到法律系。

記得大學時代，我們的目標都是要考律師，後來三人都通過律師考試，也都當了律師，但沒想到三人後來都走上了政治路。吳志揚成為國民黨立委，也當過桃園縣縣長。吳宜臻成為民進黨立委。我則當了快20年的親民黨市議員，也當過臺北市副市長。從大學到現在，儘管彼此的角色和政黨有

所不同，我們關係仍然很好，有事都會彼此相助，同學情誼不曾改變。

誰說黨派不同，沒有交集，就沒有公約數呢？雖然我們的政黨屬性不同，但我們都是因為追求社會的公平正義，而集合到法律系，成為法律人。我們這個世代在傳統威權體制與民主化過程中成長，分外珍惜得來不易的民主與自由，雖然分屬三個政黨，但我們都想為臺灣盡一份心力，從政只是為了能夠更有力量來實踐公平正義，我相信我們的初心都絕對不會改變。

我自己從大學一畢業就開始擔任執業律師，很認真的協助來找我幫忙的所有人，我希望能藉由法律專業改變不公不義，後來在市議員和副市長的生涯中，我也從沒有因為意識形態或統獨立場，影響我對市政建設或百姓福祉的堅持，為民服務絕對不分藍綠。

市政本不該分藍綠，為了城市好、為了多數人好、為了國家好，就不該分藍綠。

用「三明治理論」推廣保存客家文化

　　臺北市是一個移民城市，多元族群融合在這裡非常重要，而各種文化的推廣與保存，也是一個不可忽視的課題。臺北市有不少客家人，其中有很多人不會說客語。為了不讓客語在這個世代失傳，北市府提出了「三明治理論」，希望讓中生代的客家人，也能有機會拾回說客語的能力。

　　根據臺北市客家事務委員會的統計，臺北市廣義的客家人有40~50萬人，但真正會講客語的人不到20萬，所以出身新竹的柯市長上任後，積極推動客家政策，希望提振客家文化。而我進到北市府工作後，也擔任臺北市政府客家文化基金會董事長，除了積極參與各種相關活動外，每次出席活動，我也不忘用客語發言，來拉近和客家鄉親的距離。

　　過去傳統客家活動給人的刻板印象，不外乎山歌、採茶劇，客家美食則是客家小炒、薑絲大腸。但是想要推廣語言文化，則應該更創新、更活潑，因此臺北市舉辦的客家活動逐漸轉型為親子活動。但客語在臺北市紮根不易，雖然有些學校有鄉土語言教學，但最大困難是，30~50歲的年輕父母大都不會講客語，除非家中有爺爺奶奶陪著講，否則小孩子回到家沒有人可以講客語，而語言學習若沒有家庭現場，則非常難紮根。

　　因此，客家事務委員會以「三明治理論」的架構推廣客

家事務，就是透過臺北市的小朋友來參加活動，然後給功課，讓小朋友回家去找爺爺奶奶學習，年輕爸媽就是三明治中間那一層，希望他們也能夠被夾著一起學習，這樣由下而上，將中間的斷層連結起來，進而達到推廣保存客家文化的目的。

另外，客家文化主題公園是臺北市傳承客家文化的重要場所。客家文化主題公園裡有茶山、水田，維持了客家原鄉的農業生活及風味，有稻田、茶園、還有菜園及果園。客家事務委

柯市長很重視客家政策，除了透過客家事務委員會舉辦親子活動外，他也年年參加義民祭。而我進入市府後也積極參與相關活動。

員會還舉辦了許多親子活動，像是插秧、收割稻子，還有手做活動，像將芥菜醃成酸菜、焢窯等，讓家長帶著小朋友到茶山水田實地體驗這些農村生活，同時透過活動把語言文化學習起來。

2022年的農曆過年前，新北市客家事務委員會透過網路跟直播，介紹了客家傳統的年節點心，並與網友互動猜謎，讓大家認識傳統的客家米食。我也應邀一起用客語唸竹板相聲，雖然練習時有小小失誤，但幸好最後順利完整的唱出客語數來寶，向大家拜年。我很開心能透過這種方式推廣客家文化。用客語唸竹板相聲真的不容易，我多半是利用搭車的短暫時間練習，一開始連自己聽了都覺得音調很奇怪，但語言就是靠學習和練習，那天，我做到了用客語數來寶拜年，相信下次我能說得更好。

語言是文化傳承最重要的工具，也是學習多元文化的媒介。因此，任何語言都應該被尊重，這是多元族群融合的基礎，我衷心期盼生活在臺北的所有人，都能一起融合在這個大家庭中，彼此尊重，如此才能讓城市發展得更美好。

我們家也有原住民公主

對我而言，無論原住民或新住民，都是共同守護這塊寶島的住民。

2020年8月1日的原住民族日，是我擔任副市長後，第一次穿上原住民的傳統服飾出席相關活動。這個活動提醒我們，多元文化與族群平等是多麼的珍貴。民主、自由、多元、開放，是我們堅守的普世價值，在這樣的基礎上，族群沒有地位之分，更沒有高低之別。

　　原住民族正名運動就是為了讓原本生活在這座寶島上的住民，擁有決定自己姓名的權利與地位，並擺脫過去的殖民色彩。前總統李登輝先生曾在1994年首次以國家元首的身分採用「原住民」的稱呼，並主動接見臺灣原住民族憲法運動聯盟代表，承諾將「山胞」修正為「原住民」。

　　臺灣原住民主要分兩大區塊，一是高山原住民、一是平地原住民，而住在臺北市的平地原住民有阿美族、卑南族等，約一萬一千多人；高山原住民包括泰雅族、排灣族、臺灣布農族等，約有九千多人；總計在臺北市的原住民有二萬多人，雖然為數不少，但他們最重視的是什麼，仍是市府必須關切的事。

　　可能因為都市型態，臺北市的原住民幾乎都是散居，不像臺中有個部落。臺北市的原住民主要居住在文山區、士林區、內湖區及南港區等地，這幾個地區的原住民居住密度比較高，這是因為這裡有較多的國宅，而原住民大部分都住在國宅內。

　　據我瞭解，原住民的需求，較多是經濟、就業、居住等問

題，在這些方面，除了中央的相關政策，北市府扮演的角色著重在教育文化方面，像是每年都會舉辦原住民文化節，用心推廣各族文化。另外，臺北市在南港區、北投區、萬華區、文山區都設有原住民耆老中心。

　　耆老中心就像是老人家的聚會場所，有課程培育老人家才藝。其實，有些原住民老人家原本就會一些才藝，耆老中心則再教他們做一些才藝，然後到學校表演給小孩子看；這樣小孩有機會接觸原住民文化，原住民老人家覺得自己對社

我穿上原住民服裝出席活動。我認為，無論是原住民或新住民，都是共同守護這塊寶島的住民。

會和族群有所回饋，也都很開心。

提到親近原住民文化，我必須提到我的貼身秘書莎韻‧尤幹，她是泰雅族公主，跟著我一起打拚了十多年，她比任何人都知道多元開放的價值，也致力於讓原住民的文化能在現代充分展現。我從她身上可以感受到原住民的真誠與豪邁。所以當我穿上原住民族的傳統服飾，親身體驗並感受原住民的文化，我的內心充滿感動。

我相信，無論我們穿什麼樣式的衣服，或是來自不同的地方，我們愛臺灣的心都不會有任何不同。

不管先來後到，
新住民也是「家己人（自己人）」

有人說：美國之所以偉大，就是因為他們有非常開放的移民政策，這些移民為美國帶來充沛的勞動力，讓美國得以發展壯大。對於目前處於人口負成長的臺灣而言，新移民絕對是我們應該認真呵護的「家己人」。

他們是我們這個大家庭的新成員，我們當然應該不遺餘力地協助他們適應文化上的差異，保障他們的權益，幫助他們儘快融入整個社會，進而發揮他們的力量，為臺灣社會做出最大的貢獻。

我在擔任副市長期間，就是一直以幫助自己人的心態，

積極推動新移民政策。像是在110年6月21日，北市府完成了「臺北市政府新移民事務委員會」的組織調整案，讓臺北市的新移民委員會成為：全國唯一保障新移民（個人）參與委員會；全國唯一在委員會人數組成上，府外委員人數大於府內委員；全國唯一新移民代表達到委員會人數三分之一（委員總人數27人，新移民及團體共9人）。

另外，我們也認真整合市府跨局處新移民服務資源，在新移民委員會項下成立：生活適應、教育文化、醫療安全、職涯服務及社會支持等5個新移民工作推動小組。

110年9月11日又新增了新移民的活動空間，也就是萬華新移民會館的「多功能藝文教室」。這個教室充分運用環河南路高架道路下方的餘裕空間，整個活動空間約有141.55平方公尺，大約42.8坪左右，提供新移民一個非常良好的藝文活動場所。

未來，北市府還準備推動「一里一新移民鄰長」、「新移民志工團」、「新移民參與式預算」、「研習課程專業化、證照化」，增加新移民的社會參與，並充分展現他們的能力。

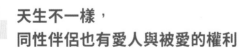

天生不一樣，
同性伴侶也有愛人與被愛的權利

臺北市自2003年開始舉辦同志活動，至今已經19年了，

當時在臺北市政府與議會要討論開放時，也曾經引起社會上的軒然大波。我的態度很簡單，我主張「人生而平等」，而且這種平等不因性別而有任何差異。所以，我常常跟兒子說：「你自己不喜歡被歧視，就更不應該歧視任何人」。

2017年，我和兒子一塊去舊金山旅行，剛好遇到舊金山同志大遊行，我特別開車帶著兒子到現場去感受一下彩虹旗的威力。當我們看到很多老先生手牽著手散步，或者兩個老

太太相互扶持，輕鬆的坐在一起喝咖啡、聊著天，內心很感動。我看到的不是性別，而是愛！

我覺得這是最實在的性別教材，但兒子很害羞彆扭，怎樣都不肯下車，但我在車上還是認真的告訴他，世界上本來就會有很多不一樣的人，真正的自由來自於包容差異，包容不同意見或跟你不一樣的人，他自由了，你的心同時才會自由！

我身邊有許多同志朋友，他們大多才華洋溢，也非常善良、敏感。他們在各自的工作領域中發光發熱，只希望能與自己相愛的人廝守終身，和一般人並無不同。雖然法律無法保障愛永遠不會變質，但是異性戀離婚率不是也依然居高不下嗎？所以，我主張同性伴侶也應該擁有愛人與被愛的權利。

我當市議員的時候，議會民政委員會要討論同婚登記的問題，當時，大法官解釋的落日條款迫在眉睫，但中央專法還有沒通過，地方政府做為執行機關，必須準備好接受同婚登記的申請。因此，我支持臺北市政府應該走在中央法令前面，讓同婚在臺北市可以先行註記，因為無論專法內容為何，開放同婚登記已經是無可迴避的事實了。

我擔任臺北市副市長時，親眼見證柯文哲市長簽署加入國際彩虹城市網路（Rainbow Cities Network，簡稱 RCN），讓臺北市成為國際第 31 個會員城市，同時也是亞洲第一個加入的城市，這不僅是臺北市在性平方面努力的重要里程碑，更讓臺北成為國際知曉的彩虹友善城市。

臺北市能夠加入國際彩虹城市網路，跟這些年來努力推出各種保障同志權益的友善政策有關，除了同性伴侶註記及核發伴侶證，強化同志伴侶的醫療代理權之外，也將同性伴侶納入社會住宅的出租辦法，建立LGBT社群的友善職場，這些不僅讓RCN很快接受臺北市政府提出的入會申請，更是讓臺北市成為走在全國第一的友善城市。

　　從2003年起，每年10月底的最後一個週六，都是臺北市同志大遊行的日子。這個日子世界知名，每次舉辦時，人群都會把市政府周邊擠爆，現在已經成為亞洲規模最大的同志遊行活動。每次參加活動後，看到每一位市民都能在臺北市找到自己的認同與歸屬，身為市府團隊的一員，我覺得特別開心與驕傲。這象徵多元包容的社會價值，代表臺北的共融與進步，這是臺北市的驕傲。

宗教信仰彼此尊重
共同追求幸福社會

　　許多人看到我，都會注意到我右手腕上繫的那一圈紅線，很多人好奇這條紅線的作用，有些人很八卦的認為這是不是在求姻緣？其實大家都想多了，這條紅線在我手上已經6年多了，其中還有一段奇妙的緣分。

　　我在2015年生了一場大病，康復出院後，許多朋友都很

關心我的身體，帶我遍尋名醫高手，希望幫我調養虛弱的體質。有一次到南港廟裡參拜，在廟裡遇到一位師姐，她看著我，突然告訴我應該在手上綁一條紅線，讓神明可以時時照看我。當下我心裡產生一種溫暖的感覺，直覺自己似乎和神明有緣。所以，從那一天起，我的右手就一直繫著這一條紅線。

我把這條紅線當成直通神明的電話線，每當心裡有困擾，只要手摸紅線、安靜冥想，過不久後，腦海中就會浮現一些新的想法，讓問題迎刃而解。我相信心誠則靈，而這就是信仰產生的力量。

我曾經去過世界上許多宗教聖地，各個宗教可能名稱不同、教義不同、神明也不同，但基本上這些宗教的宗旨都是勸人向善。我相信這些能夠流傳千年以上的信仰，絕對有其卓然於世的道理。像在梵蒂岡，我參與了教宗彌撒，那神聖又莊嚴的力量，讓我永生難忘；我也去過伊斯坦堡，看見美麗絕倫的藍色清真寺，讓人心中寧靜；巴賽隆納的聖家堂，肅穆中又充滿活力，一百多年了，還在持續興建當中，預計要到 2026 年高第逝世一百週年時完工，讓人不勝嚮往。我相信不管是哪種宗教，都是希望人心向善，而只要人們能夠敬天畏神、多行好事，自然就能讓世界變得更美好。

臺北市是一個多元文化都能共存也能共融的城市。我們尊重每一種信仰，也盡力協助這些宗教在臺北市深耕茁壯，成為臺北人心靈的寄託。像是位在新生南路的臺北清真寺（Taipei

Grand Mosque）是臺北市的市定古蹟，從1960年完工到現在，至今已有60多年的歷史了。去年（2021）北市府積極協助清真寺主體建築補強整修工程，我很榮幸能夠代表市府參與「修復工程」開工儀式，見證清真寺即將重新煥發出新姿。

萬華俗稱「小過年」的艋舺青山王祭，一直都是臺北市非常重要的祭典活動之一，也是萬華在地的年度盛事，每年農曆10月20-21日，就能看到遶境隊伍在南、北萬華進行暗訪。除了傳統的慶典之外，也結合文化特色，舉辦走讀、彩

2021年，北市府積極協助清真寺主體建築補強整修工程，我很榮幸能夠代表市府參與「修復工程」開工儀式，見證清真寺即將重新煥發出新姿。

繪八將臉譜、藝陣表演、特色踩街和晚會等活動。這些傳承超過165年的在地文化與風情，讓青山王祭在2010年登錄為臺北市民俗文化資產。

「保生文化祭」是大龍峒地區最重要的傳統廟會活動之一，從1994年開始舉辦，迄今已經28年。當初保安宮董事長廖武治先生希望能將「三獻禮」納入「臺北市無形文化資產」，但文化局審核後覺得太單薄。於是我就建議說：直接將整個「保生文化祭」，包含開鑼、家姓戲、遶境踩街、放火獅、三獻禮、過火等所有儀式通通納入，不就可以了。最後，「保生文化祭」在2021年正式被登錄為「臺北市無形文化資產」。這是將傳統祭典活動融入現代的人文生活，讓虔誠的信仰，帶給人民更多的活力與能量。

宗教信仰是臺北人生活的一部分，每個神明都有偉大的故事與神蹟，讓信徒學習與跟隨，虔誠信徒應該都感受過宗教帶來的平靜力量，而平靜的生活就是幸福的生活。因此，宗教之間應該彼此尊重，信徒之間也應該彼此包容，讓我們共同追求心靈的平靜，讓臺北市成為繁榮幸福的城市。

連續三年，臺北市舉辦了聖誕節「愛無限」活動，和天主教及基督教的教堂、教會，合力打造新生南路教會林立的「天堂路」。2021年也在大安森林公園樹立起一座巨型聖誕樹，並點亮公園周遭的彩色燈光，讓臺北的聖誕節不只是商業氣息，還增添溫馨感人的宗教力量，平安又喜樂。

　　臺北市是一個美麗的城市，充滿各種不同的元素，我們可以吃得到世界各國的美食，也可以接觸到各種不同信仰的宗教，還有各種起源不同的文化。

　　不過，城市組成的基本仍然是人，而臺北人是多元的，不同的血源、不同的出身、不同的宗教信仰，不同的國籍、不同的政黨、不同的性別與性傾向，我們共同組成了「臺北人」。

　　因此，要讓臺北更幸福，除了硬體的設計規劃之外，如何讓不同的人都能在臺北感到舒服與愉悅，更是一項非常重要的挑戰。

　　我認為，唯有「超越藍綠、阻止內耗」，「多元融合、持續進步」，才能「共同富裕、一起幸福」。

城市治理的

總結程式

PART

6

前瞻眼光**看得遠**，

市政藍圖**想得深**，

再加上執政團隊的

勤政、廉政與能政，

才能讓**臺北市一路領先**

我有30年律師、議員與副市長的歷練，三種身分剛好可以從市民、民意監督者與行政執行者的角度來看待「城市治理」這一件事。我個人認為好的城市治理，其實可以有一套基本程式來依循，只要這一套程式的價值觀正確，城市的發展就不會走樣。而要執行這一套程式，除了要有優秀的公務員系統之外，首長的意志力、執行力、專注力、創新力與整合力也非常重要。

　　另外，想要一個城市持續進步，進而成為一個幸福城市，也需要有一個「前瞻眼光看得遠、市政藍圖想得深」的執政團隊，再加上「勤政、廉政與能政」的團隊文化，一起努力奮鬥，才能達成這個目標。

　　所謂「勤政」，就是要有一顆願意付出的決心和堅強的意志力，具體表現就是「嗡嗡嗡，勤做工」的精神。

　　「廉政」則是一個公僕的基本操守，不貪污、不剽竊、不債留子孫。

　　「能政」就是解決各種市政問題的能力，不但要有專注力與執行力，更要有能想出解決方案的創新力與溝通協調的整合力。

　　談到勤政，我就不得不對柯文哲市長說一聲「佩服」。他每天早上7點30分開晨會，持續八年，從不間斷。而且，每天都有開不完的會、見不完的人、走不完的行程，但他一

直精神奕奕，從不喊累。這種「嗡嗡嗡，勤做工」的精神讓人敬佩，也是我要努力效法的對象。

2018年12月10日是我和柯市長認識以來，交集最深的一天，也是一個改變我人生軌跡的一天。這一天剛好是世界人權日。很多人都知道柯市長並不是會和別人混很熟的人，所以即使我在議會質詢他好幾年，我們也並不熟。

2018那年是大選年，11月25日投票結束，柯市長連任成功，但要到12月25日才正式就職。12月10日那一天，柯市長突然約我碰面。我們在他辦公室才聊沒多久，他就直接和我說，希望我準備一年之後到市府接副市長。當時我才剛連任議員，聽到這話驚訝不已。

柯市長直接對我說，想要培養我成為三年後的市長候選人。他強調從政要有學習的過程，就像以前李登輝總統曾對他說，蔣經國總統為了訓練他，在他當副總統之後，每次批過的公文，蔣總統還會特別教他，這個批示的問題在哪裡？要怎麼樣批比較好。所以，人都要有學習的過程，而且這種訓練愈早愈好。

他很直白地對我說：他要同時培養兩個人選，一起往前走，因為沒有人知道明天會發生什麼變化。除了我之外，他還找了許立民醫師，但許醫師後來沒有來市府。

那時，我還問柯市長，要不要再安排一個人選？柯市長說這些都是每個人的個性和命運，他要我接副市長後好好學

習，未來的目標就是選臺北市長。

我答應他的邀請，但也很直接問他：為什麼找我？

柯市長說他內心最大的恐懼，就是好不容易建立起來的政治文化、制度規定，一旦交給國、民兩黨執政，就會被毀壞殆盡。畢竟勤政制度建立不易、廉潔文化養成困難，但破壞卻只在一念之間，因此，他希望能盡力避免讓臺北市重回國、民兩黨的掌握。

我問柯市長為何找我當副市長？他說，「我查過了，從政20年還沒什麼負評的人並不多。

柯市長也直接說，他特別查過有關於我的個人評價，結果很乾淨，從政20年卻還沒什麼負評的人，現在也不太多了。這讓我感到很驕傲，我對柯市長說，其實不用特別調查我，因為我二哥要升上將時，政府就已經查過我的一切和所有帳戶了。

　　我們聊天時，柯市長還問我，為何我在議會質詢過的事情，幾乎都是可執行，市府可以做得到的？我回答他，因為這些都是我20多年來一直想做的事，而且都是從市民切身的利害關係思考，符合市民需要，當然比較容易成功。像北市捷運的月票價最初要定價2500元，但這是通勤族無法負擔的，所以我們辦公室就收集意見並仔細評估之後，提出了月票1280元的建議，最後果然被採納，也深受廣大通勤族的歡迎。

　　從這件事也可間接證明柯市長願意傾聽便民、利民的意見，任內為臺北市做了很多事情，可說比馬英九和郝龍斌市長任內做的多。像北市捷運站的各站編碼，20多年來都只有中文，如「臺北車站站」、「善導寺站」，從頭到尾都沒有英文編碼，完全不符合一個國際城市的規格。我當市議員時，針對這個議題質詢10年了，也沒人理我。這種情況直到柯市長上任後，他編列了3000萬元預算，才終於在各站全部貼上英文編碼，改善了這個尷尬的狀況。

　　我記得2017年臺北世大運之前，我在議會質詢時，對柯

市長說，「世大運快到了，捷運編碼卻還沒有完成，外國人來臺灣要怎麼來認（找）捷運站？總不會要他們唸中文吧！」柯市長立刻從善如流，在他全力推動之下，終於趕在世大運前，完成了和國際接軌的這件小事情。

其實，臺北捷運在興建時有設定英文編碼，但後來不知道什麼原因，捷運站外面的站名編碼卻只有中文版。10年來我一直建議這件事情，但都沒人理我，現在終於大功告成，讓我感到很興奮。雖然這不是我個人的事，但這是臺北市對外的形象，真的很重要。

我和柯市長談話之後，開始思考整件事情，他和我一樣都堅持公平正義；他也不贊成因為藍綠惡鬥產生的內耗；他和我一樣主張依照科學證據和人文關懷來做決策，要為臺北市民打造一個公平、安心的家園。

我認為這樣的理念必須持續，但如果臺北市未來不是由這樣理念的人主政，臺北會變成怎麼樣呢？從政20多年，我完全理解柯市長的憂慮，也非常贊成臺北市只有脫離藍綠兩黨的掌握，才能脫胎換骨，持續進步。因此，我必須義無反顧才行。

我開始和自己對話，不斷詢問自己：「Why & What？」

為什麼我要參選？我想要為臺北市做些什麼？我15歲懷抱夢想，負笈北上求學，然後讀書、就業、從政、成家、生

子，都沒有離開過這座城市。我看到臺北市的變化，更看到臺北市的成長對臺灣帶來的影響，臺北市可以說是臺灣進步價值的起源地。

像是22年前（2000年）臺北市府會共同推動的「垃圾費隨袋徵收」、19年前（2003年）的第一場同志大遊行、捷運路網帶動便利生活圈、花博與世大運讓世界看見臺灣，這些都是臺北市引領風潮、帶動臺灣前進的例證。因此，對我而言，臺北市不僅僅只是一個城市，更是正確價值的領航者。我對臺北有愛，更對臺北有夢，我希望臺北市更美，更盼望臺北市民幸福。

既然想要為臺北市服務，就應該認真自我評估一下是否適合？如前所述，我覺得意志力、執行力、專注力、創新力與整合力，是未來臺北市長所需要具備的能力，我自認應該有這些能力，因此我決定當仁不讓，勇敢承擔。我希望能為臺北市建立一套幸福程式，不但要讓臺北市一路領先，也要讓臺北市民都能為這個偉大城市感到驕傲。

我的意志力與執行力，在面對新冠疫情挑戰時，經過了嚴苛的考驗。我擔任副市長以來，每天早上7：30開晨會，將近千個日子始終如一。

我非常認同柯市長說的：「認真是一種習慣。」尤其認真都不一定能把事情做好，更何況不認真呢！看到柯市長與所有

局處長一起討論施政內容與方向，其中的集體智慧，每一天都激盪出許多進步價值。這些也讓我每天都很振奮，一點都不覺得累。

柯市長常說：「要讀好書，做好功課，再去考試，這才是對自己負責的做法。」因此，過去兩年多，我認真學習，做好副市長該做的每一項工作。

我也常常對自己說：從政，就是要做一個負責任的政治人物。對自己的良心負責，對選民的付託負責，對市民的福祉負責。因此，做事情要認真，不沾醬油，不打馬虎眼。只

柯市長和我都堅持公平正義，我參選市長就是要持續這樣的理念，並延續臺北市的建設。

要定下目標，就一定要專心把事情做好。而臺北市這麼大，人口這麼多，需要處理的事情千百種，要讓臺北市更好、更美，就必須非常專注處理市政，沾醬油式的態度是無法做好事情的。

我的認真與專注力，體現在我考律師國考的這一件事情上。我是大學應屆畢業就考上律師，但我大一念的是大氣科學系，等於轉系之後我只念了三年的法律系。大四那一年，幾乎所有同學都全心投入準備律師國考，補習班、圖書館和家裡，三點一線是大部分同學的日常，而我則希望能去德國留學，想做一個獻身法律的教授。

我的日常是週一、三、五當家教，賺生活費；週二、四、六去補德文，為留學德國做準備。雖然我不是為了考國考而唸書，但為了想做一個法律教授，我仍然利用所有時間專注的複習法律知識。這份專注力不但讓我在時間利用上的效率大增，也讓我對法律有系統性的認識，因而能應屆畢業考上律師，而且成績還是全國第11名，跌破許多人的眼鏡。

我的協調溝通整合力，在各個層面的市政議題上，應該也得到大家的肯定，因為我一貫以包容力來對待不同意見，並尋求各種解決問題的方案。不藍不綠，卻又是藍綠都可以接受，我想這就是包容力，非常有利於整合不同意見。而包容力就是同理心。因為包容，所以聽得進各方意見，圓融協調把事情做成、做好；因為包容，所以接受各方不同的立

場，消除內耗讓進步更快、更多；因為包容，才不會黨同伐異，扭曲自己的本心。如此，臺北市才可以大步向前，邁向世界一流大都市，讓臺北市成為市民感到驕傲的首都。

最後，因為對於城市的瞭解，以及對於市政的熟悉，讓我比別人更容易進入狀況，更容易想出創新的解決方案，就像疫情期間的防疫旅館、防疫計程車、安心7000專案、防疫採檢巴士、車來速＋急門診等等，都是我發想出來的防疫創新作為。我認為能想出解決問題的方案，也是要當一個好市長，並且能對全體市民負起責任的先決條件。

人生就是一個不斷做出選擇的過程，而且要對自己的選擇不停的努力奮鬥，或可稱之為戰鬥。政治事務同樣也是在做選擇，但不一樣的是，一個錯誤的決定，影響的可能就是千千萬萬人民的權益。面對臺北市的疫情，我的選擇就是拚盡所有一切可能的力量，去維護最大多數人的健康福祉。所謂一切可能的力量，就是在考慮市民利益的最大公約數之後，還能發揮出的力量，這個過程沒有疲倦、厭戰與僥倖的空間。這大概就是我做為一個女性和母親，自然而然所做出的選擇吧！

身為女性從政者，我很欣賞紐西蘭總理阿德恩（Jacinda Ardern）和東京都知事小池百合子（こいけ ゆりこ）。阿德恩隨時都能展現自信的笑容，堅持自己主張的價值，充滿專業的領袖氣質；小池百合子優雅又遊刃有餘的首都女市長形

象，敢於挑戰男性威權的政治生態，兩者都是女性政治人物的典範。我期許自己能夠向她們學習，展現出女性天生擁有的力量。

這本書是我進入臺北市政府兩年多來的心得與感想，如果我的所作所為，能對市政有些許貢獻，也算是繳出一份小小的成績單吧！

國家圖書館出版品預行編目資料

城市・程式：打造幸福臺北市,黃珊珊堅持初心的體制改革之旅 /
黃珊珊著. -- 一版. -- 臺北市 : 商周出版 : 英屬蓋曼群島商家庭傳
媒股份有限公司城邦分公司發行, 2022.10
　面；　公分. -- (View point ; 112)
ISBN 978-626-318-386-5(平裝)

1.CST: 黃珊珊 2.CST: 臺灣傳記 3.CST: 公共行政 4.CST: 台北市

783.3886　　　　　　　　　　　　　111011927

ViewPoint 112

城市・程式　打造幸福臺北市，黃珊珊堅持初心的體制改革之旅

作　　　者／黃珊珊
企 劃 選 書／黃靖卉
責 任 編 輯／彭子宸

版　　　權／吳亭儀、林易萱、江欣瑜
行 銷 業 務／周佑潔、黃崇華、賴正祐、賴玉嵐
總　編　輯／黃靖卉
總　經　理／彭之琬
事業群總經理／黃淑貞
發　行　人／何飛鵬
法 律 顧 問／元禾法律事務所王子文律師
出　　　版／商周出版
　　　　　　臺北市104民生東路二段141號9樓
　　　　　　電話：(02) 25007008　傳真：(02)25007759
　　　　　　blog: http://bwp25007008.pixnet.net/blog
　　　　　　E-mail：bwp.service@cite.com.tw
發　　　行／英屬蓋曼群島商家庭傳媒股份有限公司城邦分公司
　　　　　　臺北市中山區民生東路二段141號2樓
　　　　　　書虫客服服務專線：02-25007718；25007719
　　　　　　24小時傳真專線：02-25001990；25001991
　　　　　　服務時間：週一至週五上午09:30-12:00；下午13:30-17:00
　　　　　　劃撥帳號：19863813；戶名：書虫股份有限公司
　　　　　　讀者服務信箱：service@readingclub.com.tw
　　　　　　城邦讀書花園 www.cite.com.tw
香港發行所／城邦（香港）出版集團
　　　　　　香港灣仔駱克道193號東超商業中心1樓_ E-mail : hkcite@biznetvigator.com
　　　　　　電話：(852) 25086231　傳真：(852) 25789337
馬新發行所／城邦（馬新）出版集團【Cite (M) Sdn Bhd】
　　　　　　41, Jalan Radin Anum, Bandar Baru Sri Petaling, 57000 Kuala Lumpur, Malaysia.
　　　　　　電話：(603)90563833　傳真：(603)90576622　Email：services@cite.my

封 面 設 計／徐璽設計工作室
版 面 設 計／林曉涵
印　　　刷／中原造像股份有限公司
經　銷　商／聯合發行股份有限公司
　　　　　　新北市231新店區寶橋路235巷6弄6號2樓電話：(02) 29178022　傳真：(02) 29110053

■2022年10月06日一版一刷　　　　　　　　　　　　Printed in Taiwan
定價380元

城邦讀書花園
www.cite.com.tw